헌정사

"지혜는 그것을 얻는 자에게 생명나무라, 이를 붙드는 자는 복되도다" (잠언 3:18)

"스승은 부모보다 더 크다. 부모는 이 세상에 생명을 주지만, 스승은 영원한 생명의 길을 가르친다" (탈무드)

진리와 사랑의 등불로
수많은 제자들의 길을 밝혀주신
저의 영원한 스승, 변순복 교수님께.

그 지혜와 헌신의 발자취를 깊이 새기며
고희(古稀)를 맞이하신 이 뜻깊은 날,
진심 어린 존경과 감사를 담아 이 책을 드립니다.

2025년 6월 18일

다시, 예배의 본질을 찾아서

유대 랍비의 실패와 오늘날 교회의 본질 회복

다시, 예배의 본질을 찾아서
유대 랍비의 실패와 오늘날 교회의 본질 회복

초판 1쇄 인쇄 2025년 6월 15일
초판 1쇄 발행 2025년 6월 20일

옮긴이　　정현옥
펴낸이　　김정희

펴낸곳　　하임(the 하임)
등록일　　2017년 9월 14일
등록번호　816 - 91 - 00330
주소　　　서울시 마포구 성암로5길 12 101동 1301호
전화　　　02 - 307 - 1007
팩스　　　02 - 307 - 1009
이메일　　chaim1007@hanmail.net

디자인　　　하연디자인
표지디자인　유영열

표지이미지
본문 이미지

ISBN 979 - 11 - 991282-0-0

* 책 값은 뒤표지에 있습니다.
* 잘못된 책은 교환하여 드립니다.

이 책의 저작권은 하임(THE 하임)출판사에 있습니다. 신 저작권법에 의해 국내에서 보호를 받는 저작물이므로 무단 전재와 무단복제를 금합니다.

유대 랍비의 실패와 오늘날 교회의 본질 회복
the Failure of the American Rabbi

다시, 예배의 본질을 찾아서

by S. MICHAEL GELBER
옮긴이 정현옥
추 천 변순복

전통을 버리지 말되, 본질을 되살리십시오.
형식을 따르되, 형식에 갇히지 마십시오.
새로움을 추구하되, 뿌리를 잃지 마십시오.
하나님 앞에서 떨며, 새 노래를 부르십시오.

The Failure of the American Rabbi

다시, 예배의 본질을 찾아서

차 례

헌정사
추천사/6
번역을 하며/8

제1장 신앙 있는 유대인의 딜레마 —————————— 11

제2장 보수파와 개혁파 운동이 만들어 낸 변화들 —————— 21

제3장 유대교는 위기에 처해 있다 —————————— 35

제4장 이 경우 비평가가 되기는 어렵다 ————————— 47

제5장 랍비들은 우리의 종교적 진보의 열쇠다 ——————— 55

제6장 랍비들은 그들의 기회를 놓치고 있다 ——————— 63

제7장 미국 유대 랍비의 나무가 맺은 열매들 ——————— 77

제8장 랍비들로부터의 격려 ————————————— 85

제9장 랍비 교육의 개선을 향하여 ——————————— 93

제10장 랍비는 연구하고 성찰할 시간을 가져야 한다
　　　　(On the Sacred Necessity of Study and Reflection for the Rabbi) —101

The Failure of the American Rabbi
다시, 예배의 본질을 찾아서

제11장 랍비 간의 교류와 인가받은 평신도 제도 ——————— 109

제12장 미쯔바 의무 회비(Mitzvot Dues) : 공동체적 자비와 선행의
　　　 재정의 ————————————————————————— 117

제13장 유대 계몽을 위한 최소한의 프로그램 ——————— 125

제14장 대중적인 책들—유대교 입문서 ————————————— 133

제15장 유대 신앙의 미래를 향한 세 가지 길 ——————————— 141

제16장 매일의 기도와 터필린 ————————————————— 151

제17장 안식일 준수 ——————————————————————— 163

제18장 예배 ——————————————————————————— 173

제19장 기도 ——————————————————————————— 185

제20장 결론 —————————————————————————— 207

추천사

"보라, 날이 이를지라… 기근을 땅에 보내리니, 양식이 없어 주림이 아니며, 물이 없어 갈함이 아니요, 여호와의 말씀을 듣지 못한 기갈이라." (암 8:11)

지금 우리는 풍요 속에서 메말라가는 신앙의 시대를 살아가고 있습니다. 예배는 여전히 드려지지만 하나님을 향한 떨림은 희미해졌고, 설교는 많아졌지만 하늘의 음성은 들리기 어렵습니다. 전통은 남았으나 생명은 사라지고, 형식은 남았으나 본질은 놓쳐버린 현실 속에서 우리는 '말씀을 듣지 못한 기갈'이라는 성경의 예언 앞에 서 있습니다.

이 책《다시, 예배의 본질을 찾아서》은 단지 미국 유대 랍비들의 실패를 다룬 책이 아닙니다. 이는 오늘의 교회, 오늘의 예배자, 오늘의 종교 지도자들을 향한 거룩한 질문이며, 우리가 누구이며 어디로 돌아가야 하는지를 깊이 있게 묻는 책입니다.

겉으로는 종교개혁을 말하면서도 삶과 예배의 중심에는 변화가 없는 이 시대의 안타까운 신앙 현실을 정면으로 마주하게 합니다.

　이 책을 번역한 정현옥 박사는 구약성경과 유대교 전통에 대한 깊은 학문적 연구를 오랜 세월 이어온 학자이자, 35년 이상 한 교회를 목회하며 말씀과 예배, 공동체를 붙들어 온 신실한 목회자입니다. 그가 이 시대를 바라보며 깊은 기도와 고민 속에 이 책을 번역했다는 사실은 이 책에 담긴 울림을 더욱 진실하게 만듭니다.

　무엇보다 정현옥 박사는 저와 30년 넘게 함께 연구하고 공부해 온 소중한 동역자이자 신앙의 벗입니다. 그의 삶과 사역, 그리고 학문적 깊이를 저는 누구보다도 잘 알고 있기에 이 책이 단지 번역된 글이 아니라, 이 시대를 향한 절절한 외침이라는 것을 확신합니다.

　이 책은 묻습니다.
"우리는 하나님 앞에 떨며 예배하고 있는가?"
"우리는 전통을 지키되 본질을 잊지 않고 있는가?"
"우리는 새로움을 추구하되 뿌리를 잃지 않고 있는가?"
이 질문은 단지 미국 유대 랍비에게 던지는 질문이 아닙니다. 이 시대의 모든 설교자와 지도자, 그리고 예배자에게 던지는 하나님의 물음입니다.

　이 귀한 책이 한국 교회에 성찰의 거울이 되고, 목회자와 신앙인들에게는 본질로 돌아가는 회복의 이정표가 되기를 간절히 바라며, 기도하는 마음으로 깊이 추천드립니다.

변순복

번역을 하며

본질을 생각하다.

"귀 있는 자는 성령이 교회들에게 하시는 말씀을 들을지어다"(요한계시록 2:29)

이 책의 원제는 The Failure of the American Rabbi(미국 랍비의 실패)입니다. 출간된지 오래되었지만, 오늘날에도 여전히 변화를 갈망하는 그리스도인들에게 깊은 울림을 주는 책입니다. 시대를 뛰어넘어, 지금 이 순간에도 그리스도 안에서 살아가는 이들과 함께 회복의 무게를 감당하며, 작지만 분명한 위로와 소망을 전해줍니다.

'개혁'이라는 말은 본질로 돌아가는 것입니다. 그리고 그 본질은 성경입니다. 이는 누구나 쉽게 동의할 수 있는 사실이지만, 정작 우리 시대의 현실 속에서 개혁과 회복의 필요성을 깊이 고민하고 실천하는 이들은 많지 않습니다. 그러나 진정한 신앙을 바라는 그리스도인이라면 누구나 이 문제를 외면할 수 없을 것입니다.

이 책에서 저자는 실패한 신앙의 모습을 다음과 같이 진단합니다.

형식은 정교해졌지만, 심장은 더 이상 뛰지 않습니다.

편리성은 높아졌지만, 하늘을 향한 경외심은 희미해졌습니다.

이해는 쉬워졌지만, 신비로움은 사라졌습니다.

이러한 현실 앞에서 저자는 지금이야말로 무릎을 꿇어야 할 때라고 강조하며, 다음과 같은 회복의 길을 제안합니다.

* 전통을 버리지 말되, 본질을 되살리십시오.
* 형식을 따르되, 형식에 갇히지 마십시오.
* 새로움을 추구하되, 뿌리를 잃지 마십시오.
* 하나님 앞에서 떨며, 새 노래를 부르십시오.

이 책은 단순히 한 시대의 종교적 문제를 지적하는 데 그치지 않고, 오늘날의 교회와 신앙인이 깊이 되새겨야 할 본질적 질문을 던지고 있습니다. 독자로 하여금 마음 깊은 곳에서부터 회개의 무릎을 꿇게 하며, 다시 처음 사랑으로 돌아가는 믿음의 결단을 촉구합니다.

저자는 유대 전통과 기독교 신앙을 두루 아우르는 통찰력으로, 형식에 갇힌 종교가 어떻게 생명력을 잃어버리는지를 냉철하면서도 애절하게 드러냅니다. 동시에 하나님께 돌아가는 참된 개혁과 회복의 길도 함께 제시하고 있습니다.

이 책이 오늘의 시대를 살아가는 모든 독자에게 도전과 위로를 전하며, 자신의 신앙을 돌아보는 계기가 되기를 간절히 바랍니다. 번역 과정에서, 저자의 의도를 존중하여 우리가 일반적으로 '신약성경'이라 부르는 부분은 '기독교 성경'으로 옮겼고, '성경'이라는 표현은 유대교에서 말하는 구약성경, 곧 '타나

크'를 의미함을 밝혀 둡니다.

　이 귀한 책은 저의 영원한 스승이신 변순복 교수님께서 랍비학교에서 공부하시던 시절 교재로 사용하셨던 책입니다.

　교수님께서는 이 책의 내용을 하나하나 말씀해 주시며, 반드시 완역하여 출판되기를 간절히 바라셨습니다. 또한 직접 도와주시며 이 일을 저에게 맡기셨고, 저는 스승님의 뜻에 순종하여 이 번역 작업을 시작하게 되었습니다. 교수님의 귀한 가르침과 전폭적인 도움, 그리고 사랑이 없었다면 이 책은 세상에 나오지 못했을 것입니다.

　이 자리를 빌려 깊은 감사를 드리며, 이 책이 스승님의 학문적 열정과 사랑을 널리 전하는 작은 열매가 되기를 소망합니다. 아울러 이 책의 출판을 허락해 주시고 귀한 길을 열어주신 출판사 사장님과 관계자 여러분께도 깊은 감사를 전합니다.

　또한 제가 섬기는 사랑하는 신영교회 교우 여러분께도 진심으로 감사의 마음을 전합니다. 여러분의 기도와 후원, 동역이 없었다면 이 번역은 결코 완성될 수 없었을 것입니다. 모든 분들께 이 책을 통해 하나님의 은혜와 평강이 충만히 임하기를 기도합니다.

　이 책이 우리의 신앙을 다시 본질로 이끌고, 교회가 하나님 앞에 새롭게 서는 데 작은 등불이 되기를 소망합니다.

정현옥

제1장
신앙 있는 유대인의 딜레마

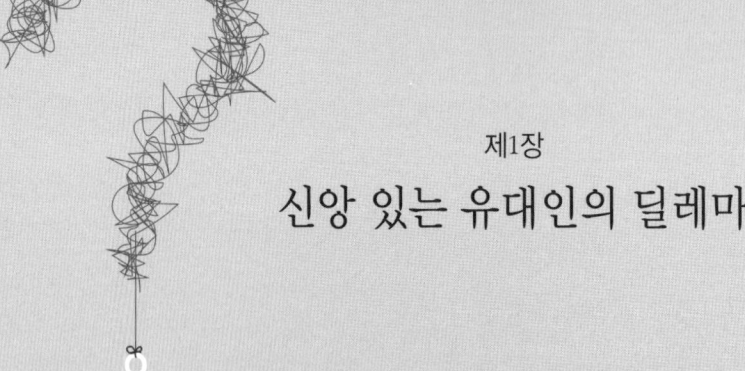

제1장
신앙 있는 유대인의 딜레마

1. 맨해튼 속의 유대 공동체 : 예배의 풍요와 갈등

맨해튼은 세계 역사상 가장 크고 영향력 있는 유대 공동체 중 하나를 품고 있습니다. 이 도시는 수많은 보수파 시나고그와 개혁파 회당들을 갖추고 있으며, 다양한 배경과 신학적 관점을 지닌 유대인들이 각자의 방식으로 예배를 드리고 신앙을 실천하는 삶을 이어가고 있습니다. 실제로, 전통을 유지하고자 하는 움직임과 현대 문화에 적응하려는 시도들이 병존하며, 유대교의 생동감 있는 다양성을 보여주는 도시라 할 수 있습니다.

그러나 외형상의 다양성과 풍요로움에도 불구하고, 한 가지 뚜렷한 문제가 존재합니다. 바로 정통 유대교를 따르지 않으면서도 신앙적인 깊이를 추구하는 유대인들에게는 영혼을 감동시키는 진정한 예배 공동체를 찾는 것이 거의 불가능하다는 사실입니다. 수많은 예배 공동체가 존재함에도 불구하고, 마음 깊은 곳에서 하나님을 만나는 기도와 찬양을 경험하기란 매우 어렵습니다. 이

점은 단지 지역적인 현상에 그치지 않고, 현대 유대교 전반에 걸쳐 나타나는 깊은 고민을 반영합니다.

2. 예배의 본질에 대한 질문 : 감동이 사라진 기도

문제는 단순히 '어느 회당이 더 나은가'라는 선택의 문제가 아닙니다. 본질적인 질문은 "감동을 주는 예배란 무엇인가?"입니다. 이 질문은 신앙의 성숙도, 개인의 종교적 성향, 그리고 예배에 대한 기대치에 따라 각기 다른 대답을 낳습니다. 누군가에게는 장엄한 음악과 정제된 의식이 감동을 주는 예배일 수 있지만, 다른 이에게는 조용한 기도와 공동체의 따뜻한 눈빛이 더 큰 울림이 될 수 있습니다.

이 책이 제시하는 관점은 절대적 기준이 아닙니다. 이는 한 신앙 있는 유대인의 고백이며, 예배를 찾는 여정 속에서 겪은 체험의 기록입니다. 독자는 이 글을 어떤 신학적 이론이나 최종적 결론으로 받아들이기보다는, 하나의 증언과 성찰로 받아들여 주시기를 바랍니다. 이는 신앙을 갈망하는 이들이 겪는 실제적인 문제이며, 단지 지적 논의의 대상이 아니라 삶 속에서 매주 마주하는 고민입니다.

3. 물은 넘치는데 마실 물은 없다 : 영적 갈증을 느끼는 예배자

이와 같은 영적 결핍의 상황은 시인 콜리지(S.T. Coleridge)의 『노 수부 이야기』(The Rime of the Ancient Mariner)에 나오는 유명한 구절을 떠오르게 합니다.

"물이여, 물이 사방에 가득한데, 마실 물 한 방울 없구나."
("Water, water everywhere, nor any drop to drink.")

회당은 많고, 예배는 많지만, 진정한 만남과 감동은 희박합니다. 형식은 풍성하지만 본질은 사라졌고, 의식은 남았지만 영성은 메말랐습니다. 하나님께 마음을 열고 다가가려는 이들에게, 오늘날 예배는 때로는 거룩한 만남이 아니라 반복되는 행사로 전락하고 있습니다. 특히 진심으로 하나님을 찾는 이들에게는 더 깊은 갈망과 실망이 교차하게 됩니다.

4. 단지 맨해튼의 문제가 아닌, 광범위한 유대교의 현실

이 같은 현상은 결코 맨해튼이라는 도시만의 문제가 아닙니다. 미국 전역을 살펴보면 대부분의 보수파와 개혁파 회당들이 비슷한 모습을 보입니다. 신앙의 열정은 줄어들고, 형식적 습관은 늘어났으며, 회중은 존재하나 감동은 사라진 경우가 많습니다. 이는 유대교 내의 다양한 종파들이 공유하고 있는 공통의 위기입니다.

보수파와 개혁파 사이에는 신학적 차이, 예배 형식의 차이, 율법 해석의 차이 등 여러 본질적인 구분이 존재합니다. 그러나 그들이 공통적으로 지향하는 점도 분명합니다. 그것은 바로 현대 사회와 조화를 이루는 '살아 있는 유대교'를 구현하려는 의지입니다. 전통을 보존하면서도 변화하는 시대의 흐름에 발맞추려는 노력은 보수파와 개혁파 모두에게 중요한 과제로 남아 있습니다.

5. 소망을 향한 첫걸음 : 고백으로부터 시작하다

이 글의 첫 장은 문제의 분석과 진단에서 멈추지 않습니다. 여기에는 고백이 있고, 소망이 있으며, 변화에 대한 갈망이 있습니다. 예배의 회복은 단지 프로그램의 개편이나 형식의 변경으로 이루어지지 않습니다. 그것은 예배를 드리는 이들의 마음과 자세에서 시작됩니다. 그리고 무엇보다도, 하나님을 향한 진실한 갈망과 공동체 안에서의 영적 공감을 회복하는 일에서 출발합니다.

이 책이 전개할 이후의 장들은, 이 첫 번째 고백에서 비롯된 물음에 대한 응답의 시도입니다. 각 장마다 우리는 예배, 기도, 안식일, 교육, 설교, 헌신의 삶 등에 대해 묻고, 성찰하고, 가능한 대안을 함께 모색해 나갈 것입니다. 이 여정은 정답을 제시하려는 것이 아니라, 길을 함께 찾으려는 동행의 기록입니다. 그리고 그 동행의 출발점이 바로 지금, 여기, 이 첫 장에서 시작됩니다.

6. 유대 전통의 진정한 의미 : 과거를 넘어 미래로

전통은 단순히 과거를 모방하는 것이 아닙니다. 전통이란 살아 있는 생명입니다. 세대를 거쳐 흐르는 강과 같아서, 형태는 변할 수 있어도 본질은 변하지 않아야 합니다. 미쉬나 아보트(1:1)는 이렇게 가르칩니다.

"משה קבל תורה מסיני ומסרה ליהושע..."
"모세는 시내산에서 토라를 받았고, 여호수아에게 전하였다…"

이는 단순한 사실 전달을 넘어, 세대 간 이어지는 '생명력'을 강조하는 말씀입니다. 모세가 받은 토라는 여호수아에게로, 그리고 그 다음 세대에게로 흘러갔습니다. 이 흐름 속에서 토라는 고정된 문서가 아니라, 살아 있는 말씀이 되었고, 신앙의 불꽃은 시대마다 새로운 언어로 타올랐습니다. 그렇기에 진정한 전통은 과거의 동결이 아니라, 끊임없는 현재화입니다. 과거의 신앙을 오늘의 심장으로 다시 뛰게 하고, 조상의 찬양을 오늘의 언어로 다시 노래하는 것–이것이 살아 있는 전통입니다.

7. 보수와 개혁 : 길을 잃은 개혁의 딜레마

현대의 많은 보수파와 개혁파 예배는 이 살아 있는 전통의 본질을 오해했습니다. 과거에 대한 존경은 너무 쉽게 '형식주의'로 변질되고, 현대적 편의에 대한 열망은 너무 쉽게 '본질의 희석'으로 이어졌습니다.

- 형식은 정교해졌지만, 심장은 뛰지 않습니다.
- 편리성은 높아졌지만, 하늘을 향한 경외심은 약해졌습니다.
- 이해는 쉬워졌지만, 신비로움은 사라졌습니다.

하나님 앞에서 떨며 기도하던 조상들의 경외는 사라지고, 대신 친근하고 부드럽지만 무게 없는 예배가 남았습니다. 현대 예배는 종종 '회중을 편안하게' 하는 데는 성공했지만, '하나님을 경외하게' 하는 데는 실패 했습니다. 이는 신앙의 본질적 목적을 잊은 결과입니다. 예배는 인간을 편안하게 하기 위한 것이 아니라, 인간을 하나님 앞으로 이끌기 위한 것입니다.

8. 예배의 본질 : 떨림과 감격

진정한 예배는 어떤 것입니까? 그것은 떨림입니다. 그것은 감격입니다. 그것은 거룩함에 압도당하는 체험입니다. 예배는 단순히 '좋은 느낌'이나 '이해하기 쉬운 메시지'를 주는 것이 아닙니다. 그것은 하나님 앞에 무릎 꿇게 하고, 영혼을 새롭게 하는 만남입니다. 탈무드 버라호트(6a)는 이렇게 가르칩니다.

"תפילה עושה חצי"
"기도는 반을 이룬다."

기도는 인간의 몫을 다하는 길이며, 나머지 반은 하나님의 응답입니다. 예배는 인간의 열심만으로 완성되지 않습니다. 예배란 인간이 문을 두드리는 것이며, 하나님께서 그 문을 여시는 사건입니다. 오늘날 많은 예배가 힘을 잃은 이유는 바로 이 '하나님의 임재를 두드리는 열정'을 잃어버렸기 때문입니다.

9. 살아야 할 전통, 노래해야 할 새 노래

시편 기자는 명령합니다.

"새 노래로 여호와께 노래하라. 온 땅이여, 여호와께 노래할지어다." (시편 96:1)

'새 노래'란 과거를 잊는 것이 아닙니다. 오히려 과거를 품은 채, 오늘의 심장으로, 오늘의 언어로, 하나님을 다시 찬양하는 것입니다. 오늘날 우리에게 필요한 것은 '완전히 새로운 유대교'가 아니라, '다시 살아난 유대교'입니다. 하나님의 임재를 갈망하며, 떨리는 심장으로 기도하고, 경외하는 영혼으로 예배드리는 유대 신앙의 본질로 돌아가는 것입니다.

보수파든 개혁파든, 우리가 진정 바라야 할 것은 '새로움을 위한 새로움'이 아니라, '본질로의 새로움'입니다. 하나님을 향한 새로운 노래는, 전통의 뿌리를 깊게 내린 나무만이 불러낼 수 있습니다.

10. 결론 : 신앙 있는 유대인의 사명

이 장을 마무리하며 우리는 다시금 기억해야 합니다. 신앙 있는 현대 유대인은 종파적 승패에 관심을 갖는 것이 아니라, 유대 신앙 전체의 생명과 미래에 깊이 헌신해야 합니다.

- 전통을 버리지 말되, 본질을 되살리십시오.
- 형식을 따르되, 형식에 갇히지 마십시오.
- 새로움을 추구하되, 뿌리를 잃지 마십시오.
- 하나님 앞에 떨며, 새 노래를 부르십시오.

이것이 바로 신앙 있는 유대인, 이 시대를 살아가는 모든 신앙인의 사명입니다. 성경은 말합니다.

"주의 율법을 묵상하며 주야로 그 율법을 즐거워하는 자는 복이 있도다."(시편 1:2)

제2장

보수파와 개혁파 운동이 만들어 낸 변화들

제2장
보수파와 개혁파 운동이 만들어 낸 변화들

1. 공동체에서 관객으로 : 변해버린 예배의 모습

과거, 유대인들은 회당에 의미 없이 모인 단순한 청중이 아니었습니다. 그들은 하나님 앞에서 함께 서는 공동체(congregation)였습니다. 회당은 단지 건물이나 모임의 장소가 아니었습니다. 그것은 하나님의 임재 앞에 함께 나아가는 거룩한 만남의 장이었습니다.

그러나 세월이 흐르면서, 우리는 다른 장면을 목격하게 되었습니다. 오늘날 많은 회당에서는, 참석자들이 하나의 공동체라기보다는, 마치 무대 위에서 펼쳐지는 종교적 공연을 수동적으로 지켜보는 관객처럼 변해버렸습니다.

이것은 단순한 외형의 변화가 아닙니다.
이것은 우리 시대의 영적 분위기를 반영하는 심각한 신호입니다.

오늘날 우리는 수동성이 능동성을 압도하는 시대에 살고 있습니다. 예배에 능동적으로 참여하며 하나님께 마음을 올리던 사람들이, 점점 종교 의식의 방관자로 변해가고 있습니다. 기도는 공동체 전체의 고백이 아니라, 몇몇 지도자들의 독백처럼 느껴집니다.

2. 지도자와 회중의 거리 : 고대 이스라엘에서 현대까지

이러한 지도자와 회중 사이의 거리는 단지 현대에 시작된 문제가 아닙니다. 그 뿌리는 훨씬 깊습니다. 우리는 이 현상을 에스라와 느헤미야 시대 이전, 곧 고대 이스라엘의 제사장 체계에서부터 찾아볼 수 있습니다. 성경은 분명히 말합니다.

"제사장은 그의 손으로 백성들을 위하여 속죄할지니…"(레위기 9:7)

당시에는 제사장이 백성을 대표하여 하나님 앞에 섰습니다. 회중은 스스로 하나님께 나아가기보다는, 대리자를 통하여 예배에 참여했습니다. 제사는 백성을 위한 제사였지만, 그들 스스로의 기도와 찬양은 아니었습니다.

그러나 역사는 변했습니다. 바빌론 포로기와 제 2성전기의 위기를 지나면서, 유대 공동체는 새로운 영적 길을 모색해야 했습니다. 성전이 파괴되고, 제사가 불가능해진 시대에, 유대인들은 신앙을 지키기 위한 다른 길을 열었습니다. 그 길은 바로

- 제사의 방식 대신, 기도와 간구, 감사로 나아가는 것,
- 소수의 성직자 중심이 아니라, 모든 회중이 하나님 앞에 서는 것,
- 율법을 지도층만이 아니라, 모든 백성에게 가르치는 것이었습니다.

3. 예배의 민주화 : 모든 백성이 말씀 앞에 서다

느헤미야서는 이 역사적 전환을 감동적으로 묘사합니다.

"그들이 하나님의 율법책을 낭독하고 그 뜻을 해석하여 백성으로 그 낭독한 것을 다 깨닫게 하니라."(느헤미야 8:8)

이때부터 예배는 더 이상 제사장만의 몫이 아니었습니다. 남자와 여자, 부자와 가난한 자, 배운 자와 배우지 못한 자 모두가 함께 하나님 앞에 서게 되었습니다. 이것이 바로 시나고그(בית כנסת, 베이트 커네세트), 즉 "만남의 집"의 탄생입니다. 회당은 단순한 건물이 아닙니다.

- 하나님과 백성이 만나는 곳입니다.
- 성도들끼리 영적 교제를 나누는 곳입니다.

그리고 이 만남은 수 세기 동안 유대인의 신앙을 생명력 있게 유지시키는 힘이 되었습니다. 하나님과 함께 걷는 삶이, 그들의 공동체 안에 살아 숨 쉬게 되었던 것입니다. 성경은 이렇게 약속합니다.

"내 집은 만민이 기도하는 집이라 일컬음을 받으리라."(이사야 56:7)

4. 도전과 새로운 과제

그러나 오늘날, 우리는 다시 한번 심각한 도전에 직면하고 있습니다. 과거에 회당을 생명의 집으로 만들었던 능동적 신앙의 정신이, 다시 수동적 구경꾼의 태도로 퇴보하고 있습니다. 보수파와 개혁파 운동은 분명히 나름의 이상을 가지고 시작되었습니다. 그러나 그 변화가 때로는 본질을 훼손하였습니다.

- 하나님과의 만남을 흐리게 하고,
- 공동체적 기도를 약화시키며,
- 예배의 감격을 상실시키는 결과를 가져온 것은 아닐까요?

우리 시대의 신앙 있는 유대인은 이 점을 심각하게 성찰해야 합니다. 우리는 단지 예배의 편의성과 현대화를 추구하는데 머물러서는 안 됩니다. 우리는 다시금 돌아가야 합니다.

- 함께 하나님 앞에 서는 공동체로,
- 함께 마음을 열어 드리는 백성으로 회복되어야 합니다.

5. 무대 위 인물과 관객 : 다시 등장한 제사장 체제

오늘날 많은 보수파와 개혁파 회당들은, 안타깝게도 이 소중한 전통을 점차 잃어버리고 있습니다. 현대적 예배 방식은 과거로의 진보가 아니라, 오히려 고대 제사장 체제를 연상시키는 후퇴를 보여주고 있습니다. 랍비와 칸토르가 무대 전면에 서고, 회중은 그들을 지켜보는 관객이 되는 구조–이는 본질적으로 고대의 제사장 중심 예배로 돌아가는 것과 다를 바 없습니다.

하나님과의 직접적이고 살아 있는 교제는 점점 희미해지고, 인간 공동체의 따뜻한 영적 친교 또한 사라져 가고 있습니다. 이러한 변형된 구조 속에서, 예배는 더 이상 회중 모두가 하나님 앞에 함께 서는 거룩한 만남이 아니라, '무대 위 인물'과 '아래 관객'이라는 고정된 역할로 굳어지고 있습니다. 그 결과는 참다운 예배를 잃어버렸습니다.

- 예배는 형식은 남아 있지만,
- 영혼의 떨림과
- 신앙의 진실성은 점점 잃어버리게 됩니다.

6. 형식적 예배가 가져온 일상적 신앙의 쇠퇴

회당 예배에서 시작된 이 변화는, 단지 예배 시간에 그치지 않습니다. 그것은 유대인의 일상적 종교 생활 전반에까지 깊은 영향을 미치고 있습니다. 형식적이고 감동 없는 예배는 사람들에게 나쁜 영향을 주었습니다.

- 예배에 대한 관심을 잃게 하고,
- 영적 생활에 대한 열정을 식게 만들며,
- 결국에는 예배 불참이라는 결과를 낳게 합니다.

이는 단순한 가정이 아닙니다. 비록 과학적 통계로 정확히 측정할 수는 없다 하더라도, 많은 유대인들이 친구, 가족들과 나누는 일상의 대화를 통해 이 현실을 실감하고 있습니다. 그들의 말은 우리 귀에 깊은 울림을 줍니다.

"기도하고 싶지만, 예배가 너무 지루하다."
"예배에서 영혼을 끌어당기는 힘을 느낄 수 없다."

이러한 감정적 거리감은 단순한 취향의 문제가 아닙니다. 이것은 영혼이 갈급해하는 깊은 신호입니다. 그리고 이 신호를 가볍게 여긴다면, 신앙 공동체 전체의 뿌리가 흔들릴 수 있습니다.

7. 잘못된 신앙 지도 : 기도의 본질을 흐리게 하다

이러한 상황을 악화시키는 요인 중 하나는, 때때로 신앙 지도자들의 잘못된 가르침과 무감각한 언행입니다. 예를 들어, 한 랍비는 쉬바(Shiva, 애도 기간) 중 유가족에게 이렇게 조언했습니다.

"매일 카디쉬(Kaddish)를 낭송하시오. 당신의 기도는 고인의 영혼을 핀볼 기계처럼 움직이게 하여, 벨을 울리고, 빛을 비추고, 점수를 올리게 할 것입니다다. 그렇게 되면 고인의 영혼이 천국에 더 쉽게 올라갈 수 있습니다."

이 비유는, 기도를 마치 신비적 기계 장치처럼 오해하게 만듭니다. 그러나 탈무드는 분명히 가르칩니다. "하나님의 이름이 거룩히 여김을 받을 때, 심지어 지옥에 있던 자도 구원받는다."(탈무드 버라호트 57a)

기도는 기계적 행위가 아닙니다. 기도는 하나님의 이름을 거룩함으로 높이고, 그 거룩함 안에서 인간의 영혼이 변화되고 구원받는 신비로운 사건입니다.

8. 영혼을 꺾는 언어 : 신앙적 열망에 찬물을 끼얹다

또 다른 안타까운 예는, 한 젊은이가 히틀러에 맞서 싸우기 위해 군에 자원입대했을 때 발생했습니다. 그때 한 랍비가 그에게 이렇게 말했습니다.

"나는 당신이 그렇게까지 피에 굶주린 줄은 몰랐습니다."

이 무감각하고 모욕적인 발언은, 정의감에 불타는 젊은이의 신앙적 열망을 꺾는 것이었습니다. 이러한 상처는 단지 개인의 실망을 넘어, 공동체 전체에 대한 신뢰의 붕괴를 초래합니다. 종교 지도자의 말 한 마디, 태도 하나는 매우 중요합니다.

- 신앙을 키울 수도 있고,
- 신앙을 무너뜨릴 수도 있습니다.

오늘날 많은 유대인들이, 하나님에 대한 믿음은 여전히 품고 있지만, 회당과 종교 지도자들에 대한 신뢰를 잃어가고 있는 현실은 바로 이 때문입니다.

9. 예배의 본질로 돌아가야 할 때

우리는 다시 질문해야 합니다.

- 예배는 무엇을 위한 것인가?
- 하나님과의 만남이 살아 있는가?
- 회중은 공동체로 함께 하나님 앞에 서 있는가?
- 지도자들은 영혼을 살리는 자들인가?

예배는 단지 의식이나 공연이 아닙니다. 예배는 살아 있는 하나님과의 만남이며, 하나님을 향한 인간의 가장 진실한 응답이어야 합니다. 오늘 우리는, 예배의 본질로 돌아가야 할 시간 앞에 서 있습니다. 그것이 유대 신앙의 생명력을 회복하는 유일한 길입니다.

10. 반복되는 외침 : 말은 있지만 불꽃은 없다

한 회당에서, 학식 있는 랍비는 매주 같은 외침을 이어갔습니다. "토라를 사랑하십시오. 유대교를 사랑하십시오." 그의 말은 결코 틀린 것이 아니었습니다. 오히려 그 말은 시대를 꿰뚫는 외침이자, 유대 정체성의 뿌리를 붙드는 선언이었습니다.

그러나 문제는, 그 외침이 생명을 잃은 말처럼 반복되었다는 데 있었습니다. 매주 되풀이되는 동일한 표현은 점점 회중의 귀에 익숙함을 넘어 무감각함을 낳았습니다. 그 외침은 더 이상 마음을 흔들지 않았고, 하나님의 말씀은 점점 회당 안에서 메아리처럼 공허하게 울려 퍼졌습니다. 랍비는 절박한 심정으로 계속 외쳤습니다.

"오늘날 세상에 진정 필요한 것은, 더 많은 토라와 더 많은 유대교입니다!"

그러나 그 외침은 살아 있는 응답을 끌어내지 못하는 말의 울타리에 갇힌 채, 현실의 깊은 갈증을 해갈시키지 못했습니다. 말은 있었지만, 불꽃은 없었습니다. 진리가 선포되었지만, 불이 임하지 않았습니다. 그 외침이 진정으로 회중의 심령을 흔들고 영혼을 일으켜 세우려면, 그 말에 생기를 불어넣는 삶과 기도의 권위, 그리고 하나님의 현존을 전달하는 영적 떨림이 함께 있었어야 했습니다.

11. 설교가 잃어버린 것 : 장소만 남고 임재는 사라지다

또 다른 도시의 한 회당에서는, 명문 학교 출신의 랍비가 출애굽기 3장 5절을 본문으로 삼아 설교를 전했습니다.

"너의 발에서 신을 벗으라. 네가 선 곳은 거룩한 땅이니라."
그는 이 말씀을 통해 거룩한 장소를 구별하고 존중해야 한다는 메시지를 전했습니다. 설교는 논리적이었고, 고전적 본문에 대한 해석도 깔끔했습니다. 그러나 그 설교는 결국, 공간에 대한 규범의 나열로 끝나고 말았습니다. 그날, 회중은 떨기나무 가운데 임하시는 하나님의 불꽃을 보지 못했습니다.

"모세야 모세야"(출 3:4)라 부르시는 하나님의 음성도, 심령을 깨뜨리는 거룩한 현존도 전해지지 않았습니다. 그 설교는 지식을 전달했지만, 불을 전달하지는 못했습니다. 이처럼 생명력 없는 설교는 아무리 훌륭한 논리와 해석을 담고 있어도, 결국에는 회중의 심령을 움직이지 못하고, 신앙의 열망을 무디게 할 뿐입니다.

12. 신앙의 열망은 있으나, 예배는 피곤하다

이런 설교와 예배의 반복 속에서, 신앙 있는 유대인들조차 점점 예배에서 멀어지게 됩니다. 그들은 하나님을 포기한 것이 아닙니다. 오히려, 그들은 여전히 기도하고 싶어합니다. 그들은 여전히 말씀을 듣고 싶어합니다.

하지만 예배의 형식이 점점 지루함과 실망감을 안긴다면, 그들의 갈망은 점점 냉소와 피로로 바뀌게 됩니다. 예배는 갈망을 해갈시키는 우물이어야 합니다. 그러나 생수가 끊긴 우물 앞에서, 사람들은 점점 목마름을 외면하게 되는 것입니다.

"물이여, 물이 사방에 가득한데, 마실 물 한 방울 없구나."(쿨리지, 『노 수부 이야기』)

13. 공헌은 있으나, 생기는 약해져 가고 있다

보수파 유대교가 지금까지 아무런 기여 없이 그 자리를 지켜온 것은 아닙니다. 라마 캠프(Ramah Camp)를 비롯한 여름 수련회, 성인 교육 프로그램, 청소년 리더십 훈련 등은 미국 유대 공동체의 정체성과 헌신을 키우는데 매우 중요한 역할을 해왔습니다.

그 안에서 우리는 열정적인 지도자들을 만나고, 신실한 랍비들과 교육자들의 헌신적인 노력을 목격할 수 있었습니다. 그들의 수고는 분명한 공적이며, 지금도 감사를 받을만한 일입니다. 그러나 안타깝게도, 보수파 유대교는 종교적 영향력과 신학적 생기라는 측면에서는 점점 평탄하고 무기력한 흐름을 보이고 있습니다. 그 곳에서 나오는 메시지에는 과거의 깊이는 있으되, 오늘의 전율과 내일의 비전은 희미해져가고 있습니다.

14. 개혁파의 뒤를 잇는 보수파의 그림자

더욱이 놀라운 사실은, 개혁파 유대교가 보수파와 점점 닮아가고 있다는 점입니다. 표면적으로는 개혁파가 더 진보적이고, 보수파는 전통을 더 지킨다고 여겨질 수 있습니다. 그러나 예배의 생기, 신학적 생동감, 회중의 정서적 몰입도 측면에서 보면, 두 종파는 동일한 문제에 직면하고 있습니다. 둘 다 형식은 존재하되, 감동은 줄어들고 있습니다. 둘 다 이해는 쉽게 되었으나, 경외심은 흐릿해지고 있습니다.

이것이 바로 오늘날 유대 신앙의 가장 깊은 딜레마이며, 이 문제의식이 이 책이 향하고 있는 외침이요 주제요 핵심입니다.

제3장
유대교는 위기에 처해 있다

제3장
유대교는 위기에 처해 있다

1. 겉으로는 번영, 속으로는 침체

오늘날 유대교는 역사상 유례없는 도전에 직면하고 있습니다. 눈으로 보이는 표면만 보면, 유대 공동체는 풍요롭고 안정적으로 보일 수 있습니다. 미국과 세계 각국에 수많은 회당과 센터들이 세워지고 있으며, 연합 유대 기금운동(UJA)과 같은 모금 운동은 막대한 금액을 거두며 인도주의적 사명을 감당하고 있습니다.

유대인 공동체는 정치, 경제, 교육, 복지 등 다양한 분야에서 뛰어난 조직력을 보여주고 있으며, 각 지역의 유대 기관들은 회원 수 증가와 예산 확대를 자랑하고 있습니다. 사람들은 말합니다.

"유대교는 아직 살아 있다."
"우리는 세계에서 가장 조직적인 공동체 중 하나다."

시편 기자의 노래처럼, 우리는 형제가 연합해 함께 살아가는 선하고 아름다운 모습을 자주 보게 됩니다. "보라, 형제가 연합하여 동거함이 어찌 그리 선하고 아름다운고!"(시편 133:1)

그러나 겉으로 드러난 이러한 번영이 곧 신앙의 깊이를 반영한다고 단정할 수 있을까요? 이 질문에 조용히 대답해 보아야 합니다.

2. 내부의 균열 : 신앙의 본질적 침식

겉모습이 아무리 화려할지라도, 우리는 그 안을 들여다보아야 합니다.
과연 그 안에는 무엇이 깃들어 있는가?

과연 우리가 건설한 회당 안에는 진정한 경건과 감동이 살아 있는가?
우리는 외형을 과도하게 치장하면서, 정작 내면의 영적 생명력을 희생하고 있는 것은 아닌가?

우리 시대의 유대교는 하나의 불편한 진실과 마주하고 있습니다. 그것은 바로 '영적 침체'라 할 수 있는 위기입니다. 예배에 참여하는 사람들의 숫자는 많지만, 그들의 심령 안에는 감격과 경외가 점점 사라지고 있습니다. 율법과 전통에 대한 지식은 존재하지만, 그것이 삶의 중심을 이끄는 내적 힘으로 작용하지 못하고 있습니다. 성경의 다음 말씀을 깊이 묵상해 보아야 합니다.

"여호와께서 보시기에 사람은 외모를 보거니와, 여호와는 중심을 보시느니

라."(사무엘상 16:7)

신앙은 외적 제도와 조직으로 유지되는 것이 아닙니다. 신앙은 각 개인의 마음 안에서 살아 숨 쉬는 하나님과의 관계로부터 비롯됩니다. 아무리 회당이 늘어나고 기금이 많아져도, 사람들의 영혼이 하나님으로 부터 멀어진다면 그것은 이미 위기입니다.

3. 유대인다운 삶을 잃어버린 시대

더 큰 문제는 우리 자신이 '유대인으로서의 삶'의 의미를 점점 잊어가고 있다는데 있습니다. 오늘날의 많은 유대인들은 자신을 '유대인'이라 부르면서도, 일상 속에서 유대교적 가치관을 살아내는 일에는 점점 무관심해지고 있습니다. 샤바트는 일상의 휴일로, 기도는 형식적 의무로, 토라는 고대 문헌의 일부로 전락하고 있습니다. 탈무드는 말합니다.

"תורה בלב-חיים בנפש"

"토라가 마음에 있을 때, 영혼은 살아 있다."(탈무드 머길라 28a)

그러나 지금 우리는 '토라가 마음에서 멀어진 시대'를 살아가고 있습니다. 이슬처럼 내리는 하나님의 가르침이 우리 삶의 중심이 되지 않을 때, 우리는 유대인으로서의 정체성과 생명력을 잃게 됩니다.

4. 격변의 시대에서, 조용한 침식의 시대

20세기의 유대 역사는 극적인 사건들의 연속이었습니다. 홀로코스트, 이스라엘의 독립, 디아스포라의 통합 등은 공동체 전체의 강력한 결집과 대응을 요구하는 시대였습니다. 우리는 절망 속에서도 하나님께 부르짖으며, 유대교의 생존을 위해 싸워왔습니다. 그러나 오늘날은 겉으로 평온한 시대입니다. 외부의 적보다 내부의 무관심, 침묵, 나태가 더 큰 위협이 되고 있습니다. 성경은 말합니다.

"작은 여우들이 포도원을 허무는도다."(아가 2:15)

위기는 소리 없이 다가옵니다. 무관심과 습관, 영적 안일함은 마음의 토양을 메마르게 하고, 결국 공동체 전체의 생기를 잃게 만듭니다. 우리가 주목해야 할 것은 '위협의 소리'가 아니라 '침묵의 무게'입니다.

5. 다시 살아나는 불꽃이 필요하다

이제 유대 신앙은 다시 깨어나야 합니다. 공동체가 모이고 건물이 세워지는 것에 안주하지 말고, 각 개인의 영혼에 불을 붙이는 작업을 시작해야 합니다. 회당은 더 이상 행사나 회의의 공간이 아니라, 하나님을 만나는 장소, 기도와 회개의 눈물이 흐르는 거룩한 공간이 되어야 합니다. 하박국 선지자의 기도가 오늘 우리 시대에도 다시 울려 퍼져야 합니다.

"여호와여, 주는 주의 일을 이 수년 내에 부흥케 하옵소서… 진노 중에라도 긍휼을 잊지 마옵소서." (하박국 3:2)

신앙은 기억하는 자에게서, 다시 시작하는 자에게서, 그리고 매일의 순종으로 살아내는 자에게서 다시 피어납니다.

6. 평온 속의 시험

히틀러와의 전쟁, 중동의 전쟁, 공산주의 위협―이러한 극단적 상황 속에서 우리는 용감히 맞섰습니다. 그러나 우리는 묻지 않을 수 없습니다.

"그 다음은 어디로 갈 것인가?"

우리는 지금, 상대적으로 평온한 시대를 살고 있습니다. 외부의 전쟁이나 재앙이 아닌, 내부의 침묵과 안일이 우리 신앙을 시험하는 시대입니다. 질문해야 합니다.

우리는 여전히 살아 있는 신앙을 지니고 있는가? 진정으로 하나님 앞에 서 있는가?

성경 시편 기자는 고백합니다.

"주의 말씀은 내 발에 등이요 내 길에 빛이니이다."(시편 119:105)

오늘의 조용한 시대는 오히려 더 깊은 영적 시험의 시간입니다. 전쟁과 고난은 신앙을 강하게 만들기도 합니다. 그러나 평온함은 때로 신앙을 무디게 만듭니다. 이것이 바로 오늘의 딜레마입니다. 자신에게 물어보아야 합니다.

우리는 여전히 토라의 빛을 따라 걷고 있는가?
아니면 과거의 자산만을 소비하며 걷는 흉내만 내고 있는가?

7. 축적된 유산의 한계

연합 유대인 기금운동(UJA)의 놀라운 성공, 이스라엘 국가의 재건, 수많은 교육기관과 공동체의 성장―이 모두는 우리가 과거 세대로부터 물려받은 유산의 열매입니다. 그러나 우리는 분명히 인식해야 합니다. 이 자원은 무한하지 않다는 것을 말입니다.

문화, 연민, 관대함, 윤리적 신앙심과 하나님에 대한 경외심―이 모든 것은 조상들의 삶과 눈물, 경건한 실천을 통해 쌓아 온 영적 자산입니다. 성경은 교훈합니다.

"주의 말씀을 조상들에게 주시고, 그들을 교훈하셨나이다."(느헤미야 9:13-20)

오늘 우리는 그 유산을 사용하여 이스라엘을 재건하고 생명을 구하고 있습니다. 하지만 내일은 어떻게 될 것입니까? 미래 세대가 사용할 영적 자산은 어디에서 공급될 수 있겠습니까? 탈무드는 이렇게 경고합니다.

"אם אין קמח אין תורה, אם אין תורה אין קמח"

"곡식(생계)이 없으면 토라도 없고, 토라가 없으면 곡식도 없다." (예루살렘 탈무드 하기가 1:7)

이는 곧, 물질과 영혼, 경제와 신앙, 실천과 계명이 서로 긴밀히 연결되어 있다는 유대교의 통찰을 보여줍니다. 우리가 신앙의 근간이 되는 가르침과 실천을 반복하지 않고, 새로운 세대를 향한 교육과 모범을 멈춘다면, 곧 우리는 우리가 세운 모든 구조물 위에 아무 것도 남기지 못할 것입니다.

8. 소속감과 신앙의 간극

오늘날 회당과 유대 단체의 회원 수가 증가하는 현상은 겉으로 보기엔 건강한 성장처럼 보입니다. 그러나 그 이면에는 신앙적 열망이 아닌, 단순한 소속감의 욕구가 자리하고 있는 경우도 많습니다. 유대인이라는 정체성을 유지하기 위해, 공동체에 소속되려는 심리는 자연스럽고 긍정적인 일입니다. 하지만 그것만으로는 살아 있는 신앙 공동체를 이루기에는 충분하지 않습니다. 하나님께서는 이사야를 통해 경고하셨습 니다.

"이 백성이 입술로는 나를 존경하되, 마음은 내게서 멀도다." (이사야 29:13)

입술의 존경, 형식의 충실함, 회비의 납부—이 모든 것이 신앙의 외형일 수는 있습니다. 그러나 그것이 하나님의 임재를 담는 그릇이 되려면, 그 안에 진정한 믿음, 진정한 회개, 진정한 열망이 있어야 합니다. 문제는 유대인들이 조직화되지 않거나 관대하지 않아서가 아닙니다. 오히려 그들의 조직력과 연대감, 기부 문화는 세계적인 모범이라 할 수 있습니다. 그러나 진정한 위기는 다른 데 있습니다. 그것은 신앙의 본질이 점점 흐려지고 있다는 사실입니다.

우리의 자녀들이, 우리의 다음 세대가 물려받게 될 유산은, 단지 회당의 벽과 조직의 명부가 되어서는 안 됩니다. 그들은 하나님과의 인격적 만남, 기도의 깊이, 말씀의 감동, 공동체 안의 거룩한 우정을 기억해야 합니다. 지금은 물어야 할 때입니다.

"그 다음은 어디로 갈 것인가?"

그 답은 오직 하나입니다.

"주의 말씀은 내 발에 등이요 내 길에 빛이니이다."

9. 지도자의 탈(脫)토라화 : 신앙보다 성공이 우상이 된 시대

오늘날 유대 사회 전반에서 두드러지는 한 가지 현상은, 계몽된 유대적 의식을 가진 지도자들이 점점 더 드물어졌다는 사실입니다. 토라는 더 이상 유대 지도자들 사이에서 최우선의 가치가 아닙니다. 그 자리를 대신한 것은 정치적 성공, 사회적 영향력, 대규모 모금 대회에서의 성과 등입니다. 물질과 지위의 확보가 신앙보다 우선되는 현실 앞에서, 잠언의 말씀이 깊은 반성을 요구합니다.

"금을 얻는 것보다 지혜를 얻는 것이 낫고, 은을 얻는 것보다 명철을 택할 것이니라." (잠언 16:16)

그러나 오늘날 우리는 지혜와 명철이 아닌, 외적인 성공과 실용성을 우상처럼 숭배하고 있습니다. 이로 인해 유대교의 핵심인 토라는 쇠퇴하고 있습니다. 지역 및 국가 차원의 유대 지도자들 가운데 많은 이들이 토라나 탈무드에 대한 무지를 부끄러워하기는커녕, 오히려 그것을 하나의 상징처럼 여기고 자랑스러워하기까지 하는 현실은 경악할 일입니다.

실제로 한 유대 청년 회의에서 "아모스서에 어떤 내용이 나오는지 아는 사람이 있는가?"라는 질문에 아무도 대답하지 못했다는 일화는 충격적이기까지 합니다. 그 상황은 호세아 선지자의 탄식을 떠올리게 합니다.

"내 백성이 지식이 없으므로 망하는도다." (호세아 4:6)

이는 단순한 무지에 그치지 않습니다. 신앙 공동체 전체의 영적 붕괴를 암시하는 심각한 징후입니다. 미쉬나 아보트는 분명하게 말합니다.

"אין בור ירא חטא, ולא עם הארץ חסיד"
"무지한 자는 죄를 두려워하지 않으며, 무식한 자는 경건할 수 없다." (미쉬나 아보트 2:6)

지식 없는 신앙은 감정적일 수는 있어도, 지속적이고 성숙한 경건을 지탱할 수 없습니다. 결국 이는 기도, 율법 학습, 하나님과의 인격적 관계마저 형식화되고 표면화되는 결과를 낳게 됩니다.

10. 회당의 정체성 위기 : 모임의 장소인가, 기도의 집인가

오늘날 회당은 여전히 사람들을 모으는 장소, 즉 '베이트 하케네세트 (בית הכנסת)' 로 기능합니다. 그러나 "기도의 집"–'베이트 하터필라 (בית התפלה)'–로서의 정체성은 점점 희미해지고 있습니다. 선지자 이사야의 외침이 메아리처럼 들립니다.

"내 집은 만민이 기도하는 집이라 일컬음을 받으리라." (이사야 56:7)

그럼에도 오늘날 많은 회당은 YMCA나 지역 커뮤니티 센터처럼 운영되며, 묵상과 학습, 하나님의 임재에 대한 깊은 교제보다는 각종 프로그램과 사교 행사를 중심에 둡니다. 물론 공동체 활동은 중요하지만, 그것이 신앙의 본질을 대체할 수는 없습니다. 회당의 본래 사명은 영혼을 위한 안식처, 말씀과 기도의 중심이어야 합니다.

우리가 회당을 단순한 활동 공간으로 만들 때, 우리는 그 신성한 가능성을 스스로 제한하게 됩니다. 그러나 우리가 회당을 다시 말씀과 기도에 헌신하는 공간으로 회복한다면, 우리는 다시 그곳에서 하나님의 살아 있는 음성을 들을 수 있을 것입니다. 시편 기자의 고백은 오늘날의 회당에 주어진 부르심이기도 합니다.

"오직 여호와의 율법을 즐거워하여 주야로 묵상하는 자는, 시냇가에 심은 나무 같으니, 시절을 따라 열매를 맺으며, 그 잎사귀가 마르지 아니함 같으리로다." (시편 1:2 – 3)

11. 토라적 삶으로의 귀환

오늘날 유대교가 직면한 위기는 결코 외적인 것에 국한되지 않습니다. 그것은 눈에 보이지 않는 영적 토대의 약화이며, 본질에 대한 망각입니다. 진정한 회복은 새로운 전략이나 프로그램이 아니라, 토라적 삶으로의 귀환에서 시작됩니다. 토라를 배우고, 토라에 감동받고, 토라에 따라 살아가는 삶—그것이야말로 무지와 냉소, 세속적 타락을 극복하고, 다음 세대를 위한 영적 자산을 축적하는 유일한 길입니다.

하나님 앞에 서는 경외, 말씀을 중심에 둔 예배, 기도의 공동체, 그리고 계몽된 지도력—이 모든 요소는 오직 토라를 중심으로 회복될 수 있습니다. 위기에 처한 유대교는 이제 다시 질문해야 합니다.

"우리는 어디에서 왔고, 어디로 가고 있는가?"

그리고 대답해야 합니다.

"우리는 토라에서 왔고, 다시 토라로 돌아가야 합니다."

제4장

이 경우 비평가가 되기는 어렵다

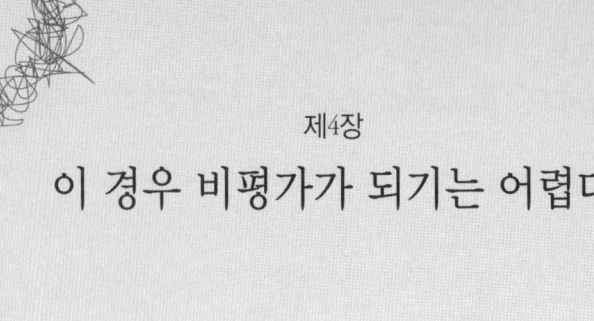

제4장
이 경우 비평가가 되기는 어렵다

1. 랍비의 책임과 정직한 자기 점검

오늘날 유대 공동체가 처한 영적 침체와 무관심의 상황은 단순히 외부 환경의 변화 때문만은 아닙니다. 그만큼이나 중요한 원인은 유대 공동체 내부, 특히 지도자층 안에 존재합니다. 이러한 상황이 이토록 심각한 만큼, 랍비는 멈추어 서서 자신을 돌아보아야 합니다. 랍비는 단순한 행정가도, 강단 위의 연설가도 아닙니다. 그는 하나님의 백성 앞에 서서, 말씀과 삶으로 공동체를 인도해야 하는 이스라엘의 파수꾼입니다.

"내가 너를 이스라엘 족속의 파수꾼으로 세웠으니…" (에스겔 3:17)

이런 사명을 받은 랍비가 자신의 역할을 온전히 감당하지 못했다면, 그는 먼저 자신의 영혼을 향해 엄중히 물어야 합니다.

- 나는 그들에게 토라의 생수를 나누어 주었는가?
- 나는 그들의 심령을 하나님의 말씀으로 따뜻하게 데워주었는가?

랍비라는 직임에 대해 진지한 애정을 가진 사람이라면, 랍비를 비판하는 일이 결코 쉬운 일이 아님을 압니다. 왜냐하면 랍비는 단순한 지식인이 아니라, 공동체와 함께 슬퍼하고 함께 기뻐하며, 함께 길을 걷는 목자이기 때문입니다. 그는 단순한 전달자가 아니라, 말씀과 삶의 본을 통해 신앙의 현실을 살아내야 하는 존재입니다. 기독교 성경 요한복음에 나오는 말씀이지만, 이 정신은 모든 종교 지도자에게 깊은 울림을 줍니다.

"선한 목자는 양들을 위하여 목숨을 버리거니와…"(요한복음 10:11)

2. 사랑의 이름으로 드리는 조심스러운 권면

따라서 랍비를 평가할 때에는 언제나 사랑과 경외의 태도로, 절제된 마음을 가지고 접근해야 합니다. 그러나 진정한 사랑은 침묵에 머무르지 않습니다. 바른 길로 이끄는 말, 겸손한 권면 속에 진정한 사랑이 있습니다. 공동체를 위한 비판은 교만이 아니라, 섬김과 책임의 정신에서 나와야 합니다. 탈무드는 지도자의 말을 다룰 때 특히 신중할 것을 다음과 같이 경고합니다.

"חכמים הזהרו בדבריכם"

"지혜자들이여, 너희의 말에 조심하라." (탈무드 타아니트 7a)

지도자의 말과 행동은 공동체를 살리기도 하고, 무너뜨리기도 합니다. 그의 기도 한마디, 설교 한 줄, 표정 하나가 공동체의 영적 공기를 형성할 수 있습니다. 그러므로 이 장에서의 논의도 단순한 외부인의 비난이 아니라, 랍비들을 사랑하는 친구의 조심스럽고 애정 어린 권면으로 이해되어야 합니다.

이것은 동료이자 협력자로서, 또한 같은 아픔을 느끼는 이로서 드리는 고백이자 절규입니다. 랍비의 사명을 소중히 여기는 모든 이들은, 이와 같은 내면의 점검과 외형의 갱신을 동시에 추구해야 합니다. 왜냐하면 유대 신앙의 미래는 바로 이들의 어깨 위에 놓여 있기 때문입니다.

3. 소명의 회복을 위한 진단과 부름

랍비들을 비판하기 어려운 또 다른 이유는, 보수파와 개혁파 운동 양쪽 모두가 추구한 기본 이상은 지적이며 열정적이라는데 있습니다. 이 운동들의 시작은 유대인의 삶을 현대 세계 속에서도 의미 있고 충만하게 만들고자 하는 신실한 열망에서 비롯된 것입니다. 이들 중 많은 랍비들은 설교자, 학자, 목회자로서 매우 헌신적이고 때로는 용기 있게 사역해 왔습니다. 그들의 삶은 수많은 영혼을 위로하고 이끌어온 빛이었습니다. 기독교인의 성경에서 예수는 이렇게 말씀하였습니다.

"너희는 세상의 빛이라. 산 위에 있는 동네가 숨겨지지 못할 것이요." (마태복음 5:14)

그러므로 이곳에서 이루어지는 모든 비판은 랍비들의 수고를 폄하하려는 것이 아닙니다. 오히려 그들이 받은 거룩한 소명을 다시 일깨우고, 그 사명을 온전히 회복하자고 초청하는 사랑의 부름입니다. 그러나 현실을 외면할 수는 없습니다. 많은 회중들이 조용히 속삭이고 있습니다.

"우리 회당의 예배에는 진정한 감동이 없다."
"우리 랍비의 설교는 교훈이 부족하고, 예배는 의례적인 반복일 뿐이다."

이러한 속삭임은 사소한 불평이 아니라, 오늘날의 유대 공동체가 직면한 심각한 영적 현실을 드러내는 신호입니다. 예배는 점점 "거룩한 의무"가 아니라, "습관적인 의식"으로 전락하고 있습니다. 탈무드는 기도에 대해 이렇게 가르칩니다.

"אל תעש תפילתך קבע אלא תחנונים"

"너의 기도를 의무로 여기지 말고, 간절한 애원으로 여겨라." (탈무드 버라호트 29b)

기도는 살아 있는 하나님과의 교제이지, 죽은 의무가 아닙니다. 일부 관찰자들에 따르면, 맨해튼의 개혁파 성전이나 보수파 회당에서 드려지는 예배 가운데 '일류급'이라 부를 만한 예배는 거의 찾아보기 어렵다고 합니다.
- 내용적 깊이,
- 정서적 감동,
- 신학적 진실성

이 모든 것이 부족하며, 이는 단순한 한 회당만의 문제가 아니라, 유대 공동체 전체의 방향성에 대한 심각한 경고로 보아야 합니다.

4. 침묵이 아닌 갱신을 위한 외침

살로 배런(Salo Baron)은 이러한 상황을 다음과 같이 진단했습니다. 오늘날 많은 유대인들은 "외적으로는 유대인이지만, 내적으로는 비유대인이다." 그는 이 현상을 "뒤집힌 마라노들(inverted Marranos)"이라고 불렀습니다. 이것은 유대인의 이름과 정체성은 지니고 있으나, 삶과 신념은 비유대적이고 세속적이라는 의미입니다. 성경 또한 이러한 사실을 이미 오래전에 가르쳐 주었습니다.

"이 백성은 입으로는 나를 가까이하며 입술로는 나를 공경하나, 마음은 내게서 멀도다." (이사야 29:13)

만약 이것이 사실이라면, 랍비 제도 안에 근본적인 문제가 있다는 결론에 이르게 됩니다. 랍비는 하나님의 말씀을 나누는 자(שלוחי דרחמנא)로서, 자신에게 맡겨진 백성들을 하나님의 말씀으로 인도해야 합니다. 그러나 만약 랍비가 그 사명을 충실히 감당하지 못했다면, 공동체 전체는 방황하고 말 것입니다. 성경은 분명하게 말합니다.

"선견자가 보지 못하고, 백성이 방자히 행하였도다. (잠언 29:18)

무언가 잘못되었다면, 우리는 그것을 정직하게 직면하고, 회개와 각성으로 다시 나아가야 합니다. 영적 침체는 자연스럽게 사라지지 않습니다. 그것은 철저한 자기 성찰과 갱신의 결단 없이는 치유될 수 없습니다. 미쉬나는 이렇게 가르칩니다.

"עשה לך רב וקנה לך חבר"

"너를 위한 랍비를 만들고, 친구를 사귀어라."(미쉬나 아보트 1:6)

랍비는 가르치는 자이자, 동시에 끊임없이 배우는 자이어야 합니다. 오늘 우리는 랍비들에게 물어야 합니다.

- 당신은 배우는 자입니까?
- 당신은 매일 토라를 묵상하며, 백성들을 위해 울고 있습니까?

예레미야는 애가에서 이렇게 탄식했습니다.

"여호와여, 내 눈에서 눈물이 그치지 아니하고 쉬지 못하나이다."(예레미야 애가 3:49)

지금은 랍비가 먼저 무릎을 꿇어야 할 때입니다.

- 예배가 단순한 형식에 매몰되지 않도록,
- 설교가 공허한 수사로 변질되지 않도록,
- 회당이 문화 센터가 아니라 기도의 집으로 다시 거듭나도록,
- 공동체가 다시 하나님 앞에 살아 있는 백성으로 서도록.

랍비가 먼저 하나님 앞에 엎드려야 합니다. 그것이 유대교의 새로운 회복을 향한 첫걸음이 될 것입니다.

제5장

랍비들은 우리의 종교적 진보의 열쇠다

제5장
랍비들은 우리의 종교적 진보의 열쇠다

1. 종교의 복합성과 신중한 평가

교는 단순히 의식과 제도만으로 정의될 수 있는 현상이 아닙니다. 그것은 인간의 사상과 감정, 이상과 전통, 향수와 공동체 의식이 복합적으로 얽혀 이루어진, 고도로 유기적이며 정서적인 체계입니다. 이러한 다차원적 복합성으로 인해, 특정 시대나 장소에서 종교 문명이 강하거나 약한 원인을 단 하나의 요소로 환원하는 것은 무리이며, 과학적이지 않을 뿐 아니라 위험한 일반화로 이어질 수 있습니다.

따라서 오늘날 유대교의 쇠퇴를 오롯이 랍비들의 책임으로 돌리는 것은 그들에게 불공정한 처사일 뿐 아니라, 상황을 잘못 해석하는 오류를 범하는 것입니다. 랍비들은 유대 공동체의 지도자이지만, 그들이 모든 종교적 침체의 유일한 원인이라고 단정하는 것은 지나치게 단순화된 시각입니다. 성경은 이렇게 말합니다.

"사람은 그 행위대로 판단받고, 그의 마음을 살피시는 이는 하나님이시다."(예레미야 17:10)

2. 문제 해결의 열쇠로서의 랍비

그러나 랍비들이 모든 문제의 근원은 아닐지라도, 문제 해결의 가장 강력한 열쇠임은 분명합니다. 랍비는 공동체 안에서 신학적 권위자이자 윤리적 나침반으로서의 사명을 부여받았기 때문입니다. 탈무드 타아니트는 다음과 같이 강조합니다.

"גדול כוחם של צדיקים יותר ממלאכי השרת"

"의인의 능력은 천사들보다도 크다."(탈무드 타아니트 24a)

랍비는 그 의로움과 가르침을 통해 공동체 전체에 생명의 숨결을 불어넣는 존재입니다. 만일 랍비들이 자신들의 소명을 새롭게 인식하고 충실히 감당한다면, 현대 유대교의 침체를 놀라운 수준으로 회복시킬 수 있을 것입니다. 랍비들의 도덕적 영향력은 단순히 한 회당이나 지역 사회에만 국한되지 않습니다. 그들은 전체 유대인의 정신적 재건과 신앙 부흥에 있어 결정적인 촉매제입니다.

3. 유대성의 본질적 회복을 위한 소명

현대의 랍비 제도는, 다른 어떤 세력보다도 유대인들을 다시 유대화(Re-Judaize)할 수 있는 잠재력을 지니고 있습니다. 여기서 말하는 유대성의 회복이란 단순한 문화적 정체성의 유지가 아니라, 토라와 신앙, 전통과 윤리, 기도와 하나님과의 교제를 삶의 중심에 두는 신앙의 본질적 회복을 뜻합니다.

랍비는 단순한 전통의 관리자에 머무르지 않습니다. 그는 말씀을 백성에게 생명으로 풀어내는 교사이며, 시대의 어둠 속에서 길을 밝히는 등불입니다. 성경은 이를 다음과 같이 강조합니다.

"이는 여호와 우리 하나님의 율법을 네게 가르치며 너희로 하여금 그 말씀을 행하게 하려 함이라."(신명기 4:5)

탈무드 또한 이것을 가르칩니다.

"היו זהירים בדבריכם, שמא תחייבו את הרבים"
"너희 말에 조심하라, 그것이 대중을 잘못 이끌 수 있으니."(아보트 드 랍비 나탄)

현대 유대교의 부흥은 랍비들의 각성과 헌신에 달려 있습니다. 그들이 진정으로 토라의 정신을 다시 불붙이고, 공동체를 신앙의 생명력 속으로 이끈다면, 유대교는 다시 살아 숨 쉬는 신앙의 강물로 흐를 수 있을 것입니다.

4. 각성과 헌신으로 나아가는 길

오늘날 유대교가 세속화와 무지, 종교적 무관심 속에서 신음하고 있다면, 그에 대한 근본적 대안은 제도 개혁이나 조직 확장이 아니라 랍비들의 영적 각성과 헌신입니다. 현대 유대 사회에서 랍비들은 유일하게 체계적 종교 교육을 받은 이들이며, 그들의 직분은 단순한 직업이 아니라 거룩한 소명입니다. 시편 기자는 이렇게 고백합니다.

"주의 제사장은 의를 입고, 성도들은 즐거이 외칠지어다."(시편 132:9)

랍비들은 하나의 단일하고 집중된 종교적 실체를 형성하고 있으며, 다른 평신도 집단과 달리 종교 활동과 학문에 전적으로 헌신되어 있습니다. 동시에, 외부의 비판과 사회적 도전에 가장 크게 노출되면서도, 공동체에 가장 깊은 영향을 미칠 수 있는 위치에 있습니다.

그러므로 오늘날 종교적 상황의 복잡성과 다변성 속에서 랍비들이 특별히 주목받는 것은 자연스러운 현상이며, 그들에게 거는 기대 또한 당연한 것입니다. 비록 기독교 성경의 말씀이지만, 그 정신은 모든 종교 지도자들에게 깊은 책임감을 일깨워 줍니다.

"말씀을 옳게 분별하며 진리의 말씀을 부끄러워하지 아니하는 일꾼으로 인정되기를 힘쓰라."(디모데후서 2:15)

랍비는 단순히 회당의 제도 관리자나 예배 인도자에 머무르지 않습니다. 그는 공동체의 신학 교사이며, 종교 행정의 지도자이며, 회당의 영적 아버지이며, 시대의 도덕적 목소리를 대변하는 선지자적 인물입니다. 랍비는 다음과 같은 복합적 사명을 감당해야 합니다.

- 교사–토라의 깊이를 백성에게 풀어주는 해석자
- 설교자–하나님의 뜻을 시대의 언어로 선포하는 선지자
- 중보자–공동체의 슬픔과 기쁨을 함께 짊어지고 기도하는 자
- 행정자–회당의 질서, 교육, 사회 봉사를 조율하는 책임자
- 도덕적 리더–공적 사회에서 유대인의 정의와 윤리를 선포하는 대변자

이러한 역할을 진지하게 감당하는 랍비들이 세워질 때, 유대교는 다시 한 번 신앙과 삶의 조화를 이루며 하나님 앞에 서는 민족으로 회복될 것입니다.

5. 랍비의 진정성과 시대적 소명

성경과 탈무드를 읽어보면 이렇게 말합니다.

"너는 나의 백성을 가르치며, 그 길을 알게 하라."(예레미야 42:3-6)

"כל תלמיד חכם שאין תוכו כברו אינו תלמיד חכם"

"겉과 속이 같지 않은 자는 참된 랍비라 할 수 없다."(탈무드, 샤바트 114a)

랍비의 진정성은 그 지식보다도 더욱 중요한 자격입니다. 겉과 속이 하나된 진실성이 랍비의 존재를 규정합니다. 이러한 다면적 권위와 특권은 랍비들에게 단순한 직무를 넘어선 거룩한 책임과 성스러운 기회를 부여합니다. 그들은 오늘날 유대인의 종교 생활을 새롭게 형성하고 개혁하며 회복할 수 있는 최고의 열쇠를 손에 쥐고 있습니다. 따라서 이 시대는 성경 이사야 말씀을 인용하여 랍비들에게 이렇게 외칩니다.

"깨어나라! 깨어나라! 능력을 입으라, 여호와의 종아!" (이사야 52:1)

랍비는 자신을 단순한 종교 기능인으로 여기지 말아야 합니다. 그는 하나님과 백성 사이를 잇는 징검다리이며, 회당의 심장이자 시대의 도덕적 기준입니다. 그는 오늘의 문제를 분석하고 진단하는 사람일 뿐 아니라, 내일의 회복을 설계하는 사람이어야 합니다.

유대교가 다시 살아나기를 소망한다면, 먼저 랍비가 살아나야 합니다. 유대인이 다시 하나님께 돌아오기를 바란다면, 먼저 랍비가 무릎 꿇고 기도해야 합니다. 유대 공동체가 다시 토라의 불을 밝혀 나가기를 원한다면, 먼저 랍비 자신의 심령에 거룩한 불이 타올라야 합니다.

제6장

랍비들은 그들의 기회를 놓치고 있다

제6장
랍비들은 그들의 기회를 놓치고 있다

1. 한 세대의 방황과 예배의 냉소화

보수파와 개혁파 운동의 지도자들이 등장하여 우리를 권태의 광야로 이끈 지도 벌써 40년이 넘었습니다. 40년이라는 시간은 단순한 세월의 흐름이 아닙니다. 유대교 전통과 성경에서 40년은 하나의 세대가 지나감을 의미합니다. 광야의 40년은 이스라엘 백성이 불순종과 불신앙 가운데 방황한 시간이었으며, 그 세월이 지나야만 새 세대가 약속의 땅에 들어갈 수 있었습니다. 기독교 성경에 이렇게 말합니다. 이는 우리 성경을 인용하여 말한 것입니다.

"너희 조상들이 광야에서 사십 년 동안 나를 시험하였도다."(히브리서 3:9)
"이 백성이 마음이 미혹되어 내 길을 알지 못하는도다."(히브리서 3:10)

보수파와 개혁파 운동은 이제 더 이상 젊지 않습니다. 창조적 개혁의 초기 열정은 사라지고, 그 자리를 형식적이고 냉소적인 회중 예배가 대신하고 있습니다. 그들의 예배는 차갑고 습관화되어 있으며, 감동이 사라진 채 지루함만 남아 있습니다. 이러한 예배의 형식이 지속되는 한, 다음 세대는 예배의 본질, 곧 감정과 지성이 만나는 거룩한 공간을 경험하지 못한 채 신앙을 떠날 위험에 놓이게 됩니다. 기독교 성경이지만 읽어보면 큰 울림을 줍니다.

"하나님은 영이시니, 예배하는 자는 영과 진리로 예배할지니라."(요한복음 4:24)

2. 회당의 본질적 역할 회복을 위한 도전

종교는 하나님과의 인격적 만남입니다. 그러나 오늘날 많은 회당은 더 이상 '만남의 장소'가 아니라, 연례 행사나 회원 명부에 이름만 올리는 공동체로 전락하고 있습니다. 회당의 본질은 하나님의 임재와 공동체적 교제에 있습니다. 단지 회비를 납부하는 회원 수만으로 공동체의 생명력을 가늠할 수는 없습니다. 탈무드에 이런 말이 나옵니다.

"כל מקום ששנים נעדים בשמי שכינה שריה ביניהם"

"두 사람이 하나님의 이름으로 모이는 곳에 하나님의 임재가 머무느니라."
(탈무드 버라호트 6a)

과거 유대인들은 공동의 고통 속에서 단결했지만, 시간이 흐르면서 역사의 상처는 희미해지고, 본능적 소속감 또한 약화되었습니다. 히틀러의 상흔이 점차 치유되고, 이스라엘 국가의 탄생이 역사적 현실로 받아들여지면서, 민족적

본능은 점차 약화되고 있습니다. 이에 따라 보수파 회당과 개혁 성전의 회원 수 역시 자연스럽게 감소하고 있습니다.

이러한 현상은 유대인의 신앙적 열정이 식어가는 과정과 맞물려 있으며, 랍비들은 영혼을 일깨울 수 있는 절호의 기회를 잃어버릴 위험에 처해 있습니다. 기독교 성경의 바울의 가르침을 읽어보면 이런 말씀이 있습니다.

"때를 얻든지 못 얻든지 말씀을 전파하라. 범사에 오래 참음과 가르침으로 경책하며 경고하며 권하라."(디모데후서 4:2)

랍비는 시대의 흐름을 꿰뚫어보고 영혼을 일깨울 능력과 사명을 지닌 존재입니다. 그러나 그들이 주어진 이 '카이로스의 시간'을 인식하지 못한다면, 이는 단순한 기회의 상실을 넘어 한 세대 전체의 영적 실패로 이어질 수 있습니다.

3. 랍비직의 자격과 내면적 준비

물론, 모든 랍비들이 동일하지는 않습니다. 그들 중에는 기도의 솔에 어울리지 않는 성격을 지닌 이들도 있으며, 영적 지도자의 망토를 걸치기에는 준비되지 않은 이들도 있습니다. 이는 단순한 직업적 자질의 문제가 아니라, 하나님의 일을 감당할 내면적 준비성의 문제입니다. 성경을 보세요.

"여호와께서 사람을 보시는 것은 사람과 같지 아니하니, 사람은 외모를 보거니와 여호와는 중심을 보시느니라."(사무엘상 16:7)

랍비직이 직면한 가장 큰 문제 중 하나는 재능과 소명의 불일치입니다. 다른 전문 직종과 마찬가지로, 랍비직에도 적성과 소명이 일치하지 않는 이들이 적지 않습니다. 정해진 과목을 공부하고 시험을 통과하고 졸업장을 받는 것으로는 참된 영혼의 인도자가 될 수 없습니다. 랍비직은 단순한 정보의 암기가 아니라, 생명을 해석하고 전달하는 사명을 요구합니다. 성경은 분명하게 가르쳐 줍니다.

"주의 율법을 묵상하는 자는 시냇가에 심은 나무 같으니… 그 잎사귀가 마르지 아니함 같으리로다."(시편 1:2 - 3)

탈무드 또한 말합니다.

"הכל בכלל תלמידי חכמים"

"모든 일은 지혜로운 랍비들에게 달려 있다."(탈무드 타아니트 7a)

4. 랍비에게 요구되는 내면의 자질과 그 본질

랍비는 단순한 종교 기능인이 아니라, 하나님의 백성을 인도하는 영적 목자입니다. 그에게 요구되는 자질은 외적인 능력이 아니라, 깊은 내면의 인격과 경건에 기반한 것입니다. 전통적으로 유대교는 랍비에게 라하마누트(רחמנות. 연민과 자비), 토라에 대한 열정, 거룩한 소명의식, 사랑으로 가르치는 교육 능력을 기대해왔습니다.

이는 단순한 학문적 지식이나 언변이 아니라, 말씀을 삶으로 구현하고 하나님 앞에 서는 인격에서 나오는 것입니다. 랍비직은 생계를 위한 직업이 아니라, 하나님께 부름 받은 거룩한 소명이며, 그 소명에 응답한 삶은 회중에게 영적 길을 제시하는 등불이 되어야 합니다.

5. 오늘날의 랍비직이 마주한 도전과 왜곡된 기준

그러나 현대에 들어 많은 랍비들이 이러한 소명적 자질보다 행정 능력이나 조직 운영력으로 평가받고 있는 현실은 매우 우려스럽습니다. 회당을 잘 유지하고, 외부 행사에 능하며, 미디어에 자주 등장하는 랍비가 존경받는 시대가 되었지만, 그 안에 경외심, 겸손, 자비의 영혼이 없다면 그것은 공허한 외형에 불과합니다. 기독교 성경도 이렇게 경고합니다.

"가르치는 자는 자기 자신을 먼저 살피라."(로마서 2:21, 의역)

종교의 본질은 경영(management)이 아니라 경외(reverence)이며, 행정이 아니라 하나님과의 만남입니다. 성경은 우리에게 이렇게 가르칩니다.

"여호와를 경외하는 것이 지식의 근본이거늘, 미련한 자는 지혜와 훈계를 멸시하느니라."(잠언 1:7)

오늘날의 랍비직은 회중을 교육하고 위로하는 사역보다는 외적 성공과 활동 중심으로 기울고 있으며, 이로 인해 청년 세대와 외로운 자들을 향한 섬김은 점점 약화되고 있습니다. 설교는 많지만, 영혼을 흔드는 능력은 사라지고 있으며, 이는 회중에게 영적 공허감을 안기는 결과를 낳고 있습니다.

6. 겸손과 경건의 회복 : 랍비직의 본래 자리로 돌아가야

유대 전통은 은밀한 하나님과의 동행을 신앙의 본질로 삼아 왔습니다. 하나님과의 관계는 군중 속의 외침 보다 조용한 삶의 실천 속에서 드러납니다. 성경은 말합니다.

"오 사람아, 주께서 선한 것이 무엇임을 네게 보이셨나니… 오직 정의를 행하며 인애를 사랑하며 네 하나님과 함께 겸손히 행하는 것이 아니냐."(미가 6:8)

아나바(ענוה, 겸손)는 유대 전승에서 가장 중요한 덕목 중 하나로 여겨졌으며, 모세는 위대한 지도자이자 동시에 지면에서 가장 온유한 자로 불렸습니다.

"이 사람 모세는 온유함이 지면의 모든 사람보다 더하더라."(민수기 12:3)

탈무드 또한 가르칩니다.

"거룩하신 분께서는 겸손한 자들을 사랑하신다."(탈무드 타아니트 7a)

이러한 전통적 가치들이 오늘날 랍비직 안에서 다시 중심이 되어야 합니다.

공적 활동이나 자기 홍보는 수단일 수는 있지만, 그것이 목적이 될 때, 소명은 왜곡되고 영성은 타락합니다. 하나님 앞에서 자신을 낮추는 사람이야말로 진정한 지도자입니다. 성경과 미쉬나를 읽어 보면 이런 말이 나옵니다.

"사람이 스스로 높이면 낮아지고, 자기를 낮추는 자는 높아지리라."(누가복음 14:11)

"말을 많이 한다고 해서 지혜로운 것은 아니다."(미쉬나 아보트 1:13)

7. 랍비직의 회복은 하나님과의 관계에서 시작된다

오늘날 회당과 공동체가 진정으로 바라는 지도자는, 뛰어난 경영자가 아니라 하나님과 동행하는 사람, 회중의 고통을 함께 느끼며 연민으로 말씀을 전하는 인격자입니다. 랍비는 스스로의 이름을 알리려는 자가 아니라, 하나님의 이름을 높이고, 말씀의 무게를 자신의 삶으로 증명하는 자이어야 합니다.

랍비직의 회복은 화려한 언변이나 프로그램이 아니라, 하나님 앞에서 겸손히 걷는 삶의 자세로부터 시작됩니다. 다시 그 본래 자리로 돌아갈 때, 랍비는 회중에게 진정한 영적 빛이 될 수 있습니다.

8. 진정한 설교는 드러내려 하지 않아도 울림이 있다

진정한 설교와 영적 통찰은 외적으로 드러내려 하지 않아도 그 자체로 생명력을 지닙니다. 사람들이 감동 받는 설교는 목소리의 크기나 언변의 세련됨 때문이 아니라, 그 말씀 안에 담긴 진실성과 하나님의 진리에서 비롯된 깊은 울림 때문입니다. 그러므로 오늘날의 랍비들은 랍비 요하난의 경고를 되새겨야 합니다. 탈무드는 이렇게 말합니다.

"너희 안에 하나님을 경외함이 사람을 두려워하는 것만큼이라도 있었더라면 얼마나 좋았겠느냐."(탈무드 버라호트 28b)

이 말씀은 대중의 인정을 갈망하는 지도자들에게 보내는 신앙적 경고입니다. 하나님에 대한 경외가 사람의 칭찬보다 앞서야 하며, 외적 권위보다 내적 진실성이 더 중요하다는 가르침입니다.

9. 기능 중심 사회에서 랍비직이 겪는 정체성 위기

오늘날의 랍비는 과거보다 훨씬 다양한 역할을 요구받고 있습니다. 한때 학자요 교사요 재판관이던 랍비는 이제 결혼 상담가, 문화 기획자, 방송 패널, 청소년 지도자, 커뮤니티 관리자 등으로 활동 영역이 확장되었습니다.

이런 상황 속에서 '슐맨십(Schulmanship)'—회당 운영 기술—이라는 개념은 랍비의 실제 사역을 규정하는 말로 자리 잡아가고 있습니다. 그러나 이러한 기능의 과잉은 랍비를 영적 깊이에서 멀어지게 하고, 단순한 행정가나 분위기 조율자로 전락시킬 위험이 있습니다. 성경은 분명히 말합니다:

"하나님은 중심을 보시느니라."(사무엘상 16:7)

탈무드는 이를 보완하듯 다음과 같이 가르칩니다.

"במקם שאין אנשים, השתדל להית איש"

"사람이 없는 곳에서 사람이 되라."(미쉬나 아보트 2:5)

곧, 본질이 사라지는 시대일수록 본질을 지키는 자가 진정한 사람이며, 그런 지도자가 회당에 필요합니다.

10. 랍비의 본질은 프로그램이 아니라 말씀의 선포이다

현대의 많은 랍비들은 춤 모임, 독서회, 종교 간 대화, 청소년 캠프, 연극 프로그램 등 다양한 활동에 집중하느라, 정작 말씀 선포와 신앙 교육이라는 랍비직의 중심 과제를 등한시하고 있습니다. 그러나 성경은 이렇게 말합니다:

"악인은 바람에 나는 겨와 같도다… 그러나 의인은 시냇가에 심은 나무 같으니…"(시편 1:4, 3)

이는 집중이 없는 삶은 흩어지지만, 말씀에 뿌리 내린 삶은 풍성한 열매를 맺는다는 가르침입니다. 랍비가 집중해야 할 단 하나의 중심은 바로 종교 교육입니다. 탈무드는 이를 다음과 같이 강조합니다.

"ותלמוד תורה כנגד כולם"

"토라 공부는 모든 미쯔바보다 위대하다."(탈무드 페이아 1:1)

11. 교육은 인격적 만남이며, 랍비의 존재 이유다

시카고의 고인이 된 솔로몬 골드만 랍비는 청년 교육에 열정을 쏟은 인물로 기억됩니다. 그는 예배 후 회중의 아이들을 불러 모아 야곱의 사다리 이야기를 들려주곤 했으며, 이는 단순한 이야기 시간이 아니라 영혼과 영혼이 만나는 신성한 교육의 자리였습니다. 오늘날 많은 랍비들이 이런 일에 참여하지 않고, 교육을 타인에게 위임한 채 스스로는 무대 밖으로 물러나 있습니다.

그러나 미쯔바의 참된 기적은 인간적 접촉과 인격적 만남 속에서 발생합니다. 도서관 기금 모금이나 병원 이사회 활동도 의미는 있지만, 그보다 더 중요하고 본질적인 일은 랍비가 공동체와 실제로 함께하며, 다음 세대를 가르치는 것입니다. 랍비는 청년을 위한 도덕적 부모가 되어야 하며, 그들에게 토라의 길을 따뜻하고 명확하게 제시해주는 영적 안내자여야 합니다. 기독교 성경도 이렇게 말합니다:

"너희는 그들을 내게로 데려오라."(마가복음 10:14)

미쉬나는 다시 이렇게 가르칩니다.

"אל תסתכל בקנקן, אלא במה שיש בו"

"항아리의 겉모습이 아니라, 그 안에 무엇이 들었는지를 보라." (미쉬나 아보트 4:20)

랍비의 진정한 가치는 외형이 아니라, 다음 세대에 남긴 신앙과 삶의 내용에 있습니다.

12. 신학교의 책임 : 거룩한 계승의 중심이 되어야

오늘날의 위기는 회당만이 아니라 신학교에도 닥쳐 있습니다. 신학교는 랍비를 양성하는 훈련의 집이 되어야 하나, 오늘날 많은 신학교는 문화 포럼, 정치 네트워크의 장으로 변질되고 있습니다. 그 결과, '더 나은 삶'이라는 모호한 개념은 '더 고귀한 삶', 곧 하나님의 말씀에 기초한 정의와 자비의 길을 가르치는 본래의 목적을 가리게 됩니다. 성경은 말합니다. 말씀이 빛이다.

"주의 말씀은 내 발에 등이요, 내 길에 빛이니이다."(시편 119:105) 미쉬나는 교육의 계승에 대해 이렇게 말합니다.

"...משה קבל תורה מסיני ומסרה ליהושע"

"모세는 시내산에서 토라를 받았고, 여호수아에게 전했으며…"(미쉬나 아보트 1:1)

이 거룩한 전달 사슬의 중심이 되어야 할 신학교가 이제는 자금 확보와 영향력 확장에 더 관심을 가지는 모습은 깊이 우려할 일입니다. 교양 없는 부자에게서 후원을 받는 일이 오히려 신학교의 거룩함을 훼손하는 경우도 있으며, 존경(kavod)의 남용은 토라가 말하는 진정한 권위의 질서를 흔들게 됩니다.

그 결과는 성공의 우상화, 정치적 타협, 영적 타락이며, 이는 결국 힐룰 하셈(חילול השם, 하나님의 이름을 욕되게 함)이라는 가장 심각한 종교적 오류로 이어집니다. 성경은 분명하게 경고합니다:

"너는 네 하나님의 이름을 헛되이 일컫지 말라."(출애굽기 20:7)

탈무드도 다음과 같이 말합니다.

"איזהו חילול השם...אדם שתלמודו רע ומעשיו רעים"

"하나님의 이름을 더럽히는 자는, 배우기는 했으나 삶이 악한 자다."(탈무드 요마 86a)

제7장

미국 유대 랍비의 나무가 맺은 열매들

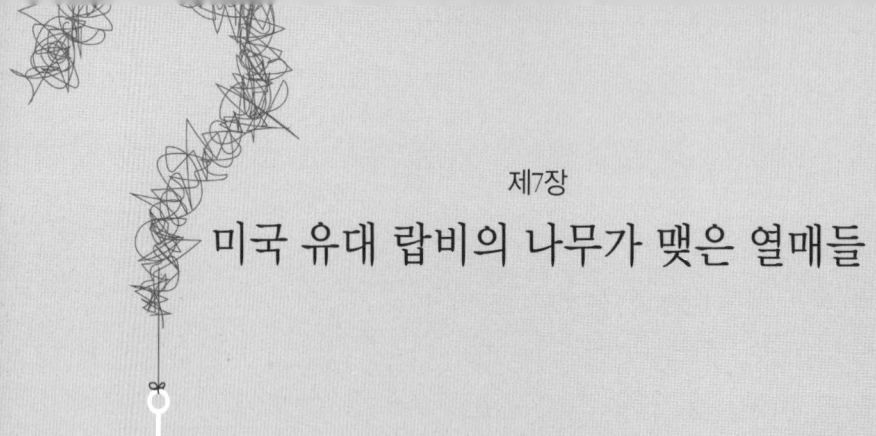

제7장
미국 유대 랍비의 나무가 맺은 열매들

외경 벤 시락(Ben Sirach)은 이렇게 말합니다.

"나무는 그 열매로 평가된다. 열매가 좋으면 가지가 칭송받고, 열매가 시들면 뿌리가 의심받는다."(Sirach 27:6)

이 말씀은 오늘날 미국 유대교라는 나무를 바라보는 우리의 시선에 정확히 적용됩니다. 이 나무가 맺고 있는 열매들을 보면, 우리는 그것을 가꾸어 온 손길, 곧 현대 랍비 교육 체계와 신학교의 방향에 대해 깊은 질문을 던지지 않을 수 없습니다.

이 나무에는 적어도 세 가지 비정상적인 열매가 맺혀 있습니다. 이들 모두는 신앙적 영양 부족, 가르침의 왜곡, 종교적 상상력의 고갈이라는 심각한 문제를 드러냅니다.

1. 회당의 세속화 : 기도의 집이 오락 센터로 변하다

많은 회당들이 세속적 기관처럼 변모하고 있다는 사실입니다. 토라 학습, 기도, 묵상, 공동체적 회개와 같은 신앙의 기둥들은 점점 소그룹 프로그램, 행정 회의, 문화 행사에 종속되고 있습니다. 회당이 더 이상 "기도의 집"이 아니라 "공공 활동 공간"이 되어 가는 것은 분명한 이상 현상입니다. 성경을 읽어보시면 놀라운 말씀을 읽을 수 있습니다.

"내 집은 만민이 기도하는 집이라 일컬음을 받을 것이거늘 너희는 강도의 소굴을 만들었도다."(이사야 56:7, 마태복음 21:13)

오늘날 많은 랍비들은 회중에게 기도하는 법이 아니라 즐기는 법을 가르치고 있습니다. 경외함보다는 친근함, 감동보다는 재미를 추구하는 예배 구조는 유대교의 거룩함과 구별됨을 희미하게 만들고 있습니다. 미쉬나는 이렇게 가르칩니다.

"יפה תלמוד תורה עם דרך ארץ"

"토라 학습은 세속의 삶과 함께할 때 아름답지만…"(미쉬나 아보트 2:2)

이는 신앙이 세상과 조화를 이루되, 세속화되지 않아야 함을 뜻합니다. 현대의 회당은 마치 도시 공원의 변형판처럼 보입니다. 가족 피크닉, 연극 발표회, 문화 행사는 많지만, 정작 토라 수업은 점차 사라져가고 있습니다. "말씀이 없는 회당은 뿌리 없는 나무"와 같아, 결국 오래 버티지 못할 것입니다.

2. 교육의 무력화 : 영혼을 가르치지 않는 교육

미국 유대인 다수는 자녀의 종교 교육에 점점 더 적은 시간을 할애하고 있습니다. 랍비들은 젊은 세대의 필요를 고려한다고 말하면서도, 실제로는 무기력하고 생기 없는 주일학교 모델을 도입하였습니다. 일주일에 한두 번의 교육으로는 영혼을 깨우거나, 토라의 감동과 탈무드의 지혜를 체화할 수 없습니다. 성경은 이렇게 말합니다.

"주의 말씀의 맛이 내게 어찌 그리 단지요, 내 입에 꿀보다 더하니이다."(시편 119:103)

그러나 오늘날의 교육은 꿀이 아니라 기계적인 사탕처럼 무미건조합니다. 아이들은 유대교를 살아 있는 이야기로 접하기보다는, 숙제와 암기의 대상으로 받아들이며 점점 멀어져 가고 있습니다. 탈무드는 이렇게 가르칩니다.

"ושננתם לבניך-שיהו דברי תורה מחודדים בפיך"

"너는 자녀에게 부지런히 가르치라—토라의 말씀이 너의 입에서 날카롭게 살아 있게 하라."(탈무드 키두신 30a)

그러나 많은 랍비들이 스스로 교육 현장에 서기를 꺼리고, 그 책임을 보조교사나 외부 인력에 맡긴 결과, 유대 교육은 형식만 남게 되었습니다. 이로 인해 수천 명의 보수파 및 개혁파 청년들이 해마다 회중교육 프로그램을 졸업하지만, 하나님이나 토라에 대한 깊은 헌신은 거의 찾아볼 수 없습니다. 그들은 "유대인"으로 분류되지만, 하나님의 언약 안에 거하고 있는지는 매우 불투명

합니다. 이는 단순한 교육 실패가 아니라, 한 세대의 신앙 계승 실패를 의미합니다.

3. 문헌의 빈곤 : 상상력을 자극하지 못하는 글쓰기

신앙의 언어를 잃어버린 유대교 문헌은 심각한 결핍 상태에 놓여 있습니다. 유대교는 본래 풍부한 이야기, 상징, 시, 지혜, 역사로 가득 찬 전통입니다. 그럼에도 불구하고, 오늘날 영어로 쓰인 유대교 입문서나 신앙 에세이들은 대부분 추상적이고 지루하며, 감동이나 상상력을 자극하지 못하고 있습니다. 성경을 읽어보세요. 이렇게 가르칩니다.

"선한 말은 꿀송이 같아서 마음에 달고 뼈에 양약이 되느니라."(잠언 16:24)

그러나 오늘날의 많은 유대 문헌은 마음을 감동시키기보다는 머리를 혼란스럽게 하고, 삶을 깨우기보다는 이론을 나열하는 데 그치고 있습니다. 유대인은 본래 하나님과의 언약적 역사를 통해 정의와 믿음을 실천하는 사람들입니다. 그러나 그 위대한 이야기를 감동적으로 전하는 문헌은 매우 드뭅니다. 성경은 이렇게 분명하게 말하고 있는데 말입니다.

"한 세대는 다른 세대에게 주의 일을 전하고, 주의 능한 일을 말하리이다."(시편 145:4)

가정 안에서, 벽난로 옆에서, 혹은 잠들기 전 아이들과 나누는 이야기 속에서 유대교는 생생하게 살아야 합니다. 그러나 오늘날에는 그러한 책들이 거의 없으며, 신앙의 전승도 점점 말라가고 있습니다. 많은 부모들은 말합니다.

"우리 아이에게 유대 신앙의 의미를 설명해 줄 책이 필요합니다."

비유대인 청소년들도 묻습니다.

"유대교의 핵심을 알고 싶은데, 입문서가 없나요?"

이러한 갈망은 곧 새로운 신앙 교육의 기회이기도 합니다. 그러나 이 갈망에 응답하지 못한다면, 그것은 랍비 제도 전체가 본질적 실패를 겪고 있다는 신호입니다. 미쉬나는 이렇게 가르칩니다.

"חכמים, הזהר בדבריכם"
"지혜자들이여, 너희의 말에 신중하라."(미쉬나 아보트 1:11)

가르침의 말은 생명을 살릴 수도, 죽일 수도 있습니다.

랍비는 신앙의 나무를 가꾸는 정원사입니다
랍비는 단순한 조직의 관리자가 아닙니다. 그는 신앙의 나무를 가꾸는 정원사입니다. 좋은 랍비는 깊이 뿌리내린 나무처럼 조용히 자라나며, 가지마다 생명의 열매를 맺게 합니다. 그러나 잘못된 랍비는 나무에 독이 되는 가지를 접붙이고, 뿌리마저 썩게 만들 수 있습니다. 기독교 성경을 읽어 보세요. 이러한 가르침을 읽을 수 있습니다.

"좋은 나무가 나쁜 열매를 맺을 수 없고, 나쁜 나무가 좋은 열매를 맺을 수 없느니라."(마태복음 7:18)

오늘날 미국 유대교 랍비 제도는 우리에게 경고의 열매를 보여주고 있습니다. 우리는 스스로 물어야 합니다.

- "이 나무는 어떤 뿌리에서 자라나는가?"
- "그 뿌리는 물가에 심긴 것인가, 아니면 광야의 모래 언덕인가?"

지금이야말로 랍비들이 다시금 기도와 토라로 돌아가야 할 때입니다. 다시금 상상력을 불러일으키는 이야기꾼이 되어야 하며, 청년을 가르치고, 공동체를 살리는 영적 장인이 되어야 합니다. 그들이 진정 하나님을 경외하고, 사람을 사랑한다면, 그 열매는 반드시 나타날 것입니다. 성경을 읽어보세요. 분명하게 가르쳐 줍니다.

"시냇가에 심은 나무는 계절을 따라 열매를 맺으며, 그 잎사귀가 마르지 아니함 같으니, 그가 하는 모든 일이 형통하리로다."(시편 1:3)

제8장
랍비들로부터의 격려

제8장
랍비들로부터의 격려

지금까지 우리는 유대 종교 공동체의 심각한 위기를 살펴보았습니다. 그러나 이제는 희망의 근거들을 바라보아야 할 때입니다. 아무리 혼란스럽고 어두운 시대일지라도, 하나님께서는 항상 자신의 백성 가운데 등불을 두셨으며, 절망을 가로지르는 은혜의 길을 열어주셨습니다. 성경은 이렇게 말합니다.

"보라, 어두움이 땅을 덮을 것이며, 캄캄함이 만민을 가리우려니와, 오직 여호와께서는 네 위에 임하실 것이며, 그의 영광이 네 위에 나타나리니."(이사야 60:2)

오늘날 유대인의 종교 생활이 다시 살아날 수 있다는 분명한 이유가 존재합니다. 그리고 그 중심에는 더 유능하고 헌신된 랍비 제도의 가능성이 있습니다.

1. 희망의 첫 번째 근거 : 자기 성찰과 개혁의 의지

희망을 품을 수 있는 첫 번째 이유는, 많은 랍비들과 신학교 지도자들이 유대 종교 제도를 진지하게 강화하고자 노력하고 있다는 사실입니다. 이들은 현재의 침체를 단순히 외부 탓으로 돌리지 않고, 내부의 구조적 개혁과 회복을 모색하고 있습니다. 미쉬나는 이렇게 가르칩니다.

"הסתכל בשלושה דברים ואין אתה בא לידי עברה"

"세 가지를 늘 생각하라. 그러면 죄에 빠지지 않으리라."(미쉬나 아보트 2:1)

자기 반성과 점검은 유대인의 도덕 생활의 기초입니다. 보수파와 개혁파 신학교 지도자들 가운데는 지성뿐 아니라 신앙의 활력을 회복하고자 진지하게 힘쓰는 이들이 있으며, 더 많은 토라 교육을 회중에 제공하려는 열망도 확산되고 있습니다. 이는 매우 긍정적인 변화의 신호입니다. 성경은 이렇게 말합니다.

"내가 주의 법도를 사모하였사오니 주의 의에 따라 나를 살아나게 하소서."(시편 119:40)

2. 희망의 두 번째 근거 : 실제로 존재하는 탁월한 랍비들

오늘날에도 뛰어난 인격과 신앙을 겸비한 랍비들이 존재합니다. 그들은 친절하고 양심적이며, 설득력 있고 품위 있게 소임을 감당하고 있습니다. 그들은 대중의 박수를 기대하지 않으면서도 삶으로 설교하고, 토라로 사람을 위로하며, 기도로 공동체를 붙들고 있습니다. 성경은 이렇게 말합니다.

"지혜로운 자는 빛을 비추는 자와 같고, 많은 사람을 의로 돌아오게 하는 자는 영원토록 빛나리라."(다니엘 12:3)

예를 들면, 랍비 사무엘 삭스는 대공황 시절 토론토에서 가난한 이들을 위한 목회적 돌봄을 실천했습니다. 그는 단순한 연설자가 아니라 행동하는 선지자였습니다.

또한 고인이 된 랍비 밀턴 스타인버는 감동적인 설교로 많은 유대인의 심령을 깨웠습니다. 한 부부가 "반 유대주의가 가득한 세상에 아이를 낳는 것이 공정한가?"라고 질문했을 때, 그는 이렇게 대답했습니다.

"우리는 사슬에 묶인 채 태어난 존재들이지만, 우리 스스로가 그 사슬을 끊지 않는다면 누가 대신 해주겠습니까?"

이 말은 미쉬나의 지혜를 떠올리게 합니다. 미쉬나는 이렇게 가르칩니다.

"איזהו גיבור? הכובש את יצרו"
"누가 강한 자인가? 자신의 충동을 이기는 자다."(미쉬나 아보트 4:1)

랍비 아이젠슈타인의 '속박으로부터의 자유'라는 설교 역시 지금도 여전히 감동을 줍니다. 이외에도 수많은 이름 없는 랍비들의 조용한 헌신은 유대 종교 공동체가 무너지지 않고 있음을 보여주는 산 증거입니다.

3. 희망의 세 번째 근거 : 조직된 지도력과 제도적 기반

우리는 제도적 희망 또한 발견할 수 있습니다. 오늘날 유대 종교 기관에는 능력 있고 책임감 있는 지도자들이 존재하며, 그들은 공동체에 강한 영향력을 미치고 있습니다.

- 랍비 울프 켈먼은 유대 랍비 회의(Rabbinical Assembly)에서 공동체 윤리 회복에 앞장섰고,
- 바너드 실버, 잭 후르비츠, 모르데카이 왁스먼, 아바 힐렐 실버, 바넷 브릭너 랍비들은 각자의 도시에서 유대인의 신앙과 자긍심을 새롭게 일으켰습니다.
- 전쟁 중 군종으로 봉사한 게르숀 레비 대위, 페르디난트 이서만, 마빈 골드파인 랍비들의 사례는 유대교가 역사적 고난 속에서도 살아 있는 신앙으로 기능할 수 있음을 증명합니다.

기독교 성경을 읽어 보면 이런 가르침이 있습니다.

"누구든지 이 작은 자 하나에게 냉수 한 그릇이라도 주면, 결코 상을 잃지 않으리라."(마태복음 10:42)

루이스 핑켈스타인(보수파 신학교 총장)과 넬슨 글루엑(개혁파 신학교 총장)의 리더십은 지성과 경건, 신학과 학문이 통합될 수 있음을 보여주는 귀한 사례입니다. 미쉬나를 읽어보면 이런 가르침이 있습니다.

"מרבה תורה, מרבה חיים"

"토라를 많이 배우는 자는 생명을 많이 얻는다."(미쉬나 아보트 2:7)

4. 협회와 제도는 규율과 격려의 틀을 제공해야 한다

랍비 협회들—Rabbinical Assembly, Reform Central Conference—은 단지 권익을 보호하는 조합이 되어서는 안 됩니다. 그들은 랍비가 단순한 관리자가 아니라, 회중을 거룩함으로 이끄는 인격적 지도자가 되도록 윤리적·종교적 기준을 세워야 합니다.

성경은 이것을 이렇게 가르칩니다.

"주의 율례를 즐거워하며, 주야로 묵상하는 자는 시냇가에 심은 나무와 같도다."(시편 1:2–3)

도덕적, 신학적 헌신이 없는 종교는 결국 일시적 모임에 지나지 않습니다. 이는 선지자들이 끊임없이 경고했던 문제이기도 합니다. 성경을 읽어 보세요. 이렇게 말합니다.

"이 백성은 입술로는 나를 존경하나, 그 마음은 내게서 멀도다."(이사야 29:13)

탈무드는 또 이렇게 가르칩니다.

"כאשר הקהילה בצרה, אל יפרוש אדם עצמו ממנה"

"공동체가 고통을 겪을 때, 누구든 스스로를 분리하지 말라."(탈무드 타아니트 11a)

랍비는 공동체 안에 깊이 뿌리내리고, 고난의 시기에 함께 싸우는 자여야 합니다.

5. 규율 없는 신앙은 허상이다

진정한 신앙은 반드시 규율을 요구합니다. 이는 단순한 율법주의를 의미하는 것이 아니라, 신앙의 진정성과 일관성을 의미합니다. 그러므로 성경은 이렇게 가르칩니다.

"너희는 거룩할지니, 이는 나 여호와 너희 하나님이 거룩함이니라."(레위기 19:2)

미쉬나 또한 이렇게 가르칩니다.

"התורה נקנית בארבעים ושמונה דברים..."
"토라는 48가지 덕목을 통해 획득된다."(미쉬나 아보트 6:6)

그 덕목에는 침묵, 경청, 단순함, 경외심, 그리고 정결한 행동이 포함되어 있습니다. 현대 유대교가 복잡한 자유만을 강조하고, 거룩한 책임을 외면한다면, 그것은 스스로 하나님의 언약적 정체성을 버리는 일이 될 것입니다.

6. 회복의 가능성과 책임

랍비 제도가 완전히 실패한 것은 아닙니다. 그러나 그것이 새롭게 갱신되어야 할 책임이 있음은 더욱 명백합니다. 희망은 분명히 존재합니다. 그러나 그 희망은 랍비 스스로가 하나님 앞에서의 경외와 사랑을 회복하고, 사람 앞에서는 겸손과 책임을 새롭게 할 때만 실현될 것입니다. 성경은 이렇게 말합니다.

"내가 네게 명령한 것이 아니냐? 강하고 담대하라! 두려워하지 말며 놀라지 말라. 네 하나님 여호와가 너와 함께 하느니라."(여호수아 1:9)

다음 세대를 위한 유대교의 미래는 오늘날 랍비들의 손에 달려 있습니다. 그들이 다시 가르치고, 진리를 선포하며, 본이 되어 살아간다면, 유대교는 반드시 다시 피어나게 될 것입니다.

제9장

랍비 교육의 개선을 향하여

제9장

랍비 교육의 개선을 향하여

현대 유대교가 다시금 영적 생명력을 회복하고, 신앙의 깊이와 윤리적 정체성을 회중 가운데 심기 위해서는, 그 핵심에 랍비 교육 체계의 혁신이 있어야 합니다. 아무리 회중이 지혜로울지라도, 지도자의 눈이 어두우면 공동체 전체가 방황하게 됩니다. 기독교 성경을 읽어 보면 이런 가르침이 있습니다.

"만일 맹인이 맹인을 인도하면 둘 다 구덩이에 빠지리라."(마태복음 15:14)

랍비 학교는 단순히 학문을 전수하는 곳이 아닙니다. 그곳은 하나님의 사람을 세우는 훈련소이자, 시대를 분별하며 백성을 지도할 영적 목자를 길러내는 성스러운 전당이어야 합니다.

1. 랍비 인재의 조기 발굴과 격려

랍비 교육을 강화하는 첫 걸음은, 적절한 인재를 조기에 발굴하고 격려하는 것입니다. 이를 위해 랍비 학교들은 각 지역 대학과 대학교에 전담 학문 대표자(educational emissary)를 파견해야 합니다. 이들은 청년 집단을 가까이에서 관찰하며, 그들 가운데 지적 잠재력, 도덕적 감수성, 종교적 헌신을 지닌 이들을 발굴해야 합니다. 성경은 아브라함을 부르실 때 이렇게 말합니다.

"내가 너를 복으로 삼고 너로 복의 근원이 되게 하리라."(창세기 12:2)

미쉬나 또한 이렇게 가르칩니다.

"המלמד את בן חבר תרה מעלה עליו הכתב כאל ילד"

"타인의 아들에게 토라를 가르치는 자는 마치 그를 낳은 것과 같다."(미쉬나 아보트 4:13)

젊은 지도자를 발굴하고 키우는 일은, 단순한 추천의 차원이 아니라, 거룩한 영적 출산의 사역입니다. 대표자들은 청년들에게 토론 기회와 권위 있는 문헌을 제공하고, 랍비 학교 교수진과 연결되는 멘토링 체계를 세심히 마련해야 합니다. 이 과정은 인재를 양성하는 책임감 있는 직분이어야 하며, 이에 합당한 평가와 지원이 동반되어야 합니다. 랍비 인재를 조기에 발견하고 키우는 자는, 유대 공동체의 미래를 심는 자 입니다.

2. 랍비 학교의 다양성과 경쟁 필요성

우리는 더 많은 랍비 학교가 필요합니다. 북미에는 수많은 유대인이 존재하지만, 진보적 성향의 랍비 학교는 히브리 유니언 칼리지(HUC)와 Jewish Theological Seminary(JTS) 정도로 극히 제한되어 있습니다. 고대 바빌로니아 시대를 생각해 봅시다. 그때 수라(Sura)와 품베디타(Pumbedita)는 학문적 경쟁과 협력을 통해 탈무드 학파의 황금시대를 이끌었습니다. 탈무드는 이렇게 가르칩니다.

"תלמידי חכמים מרבים שלום בעולם"

"지혜로운 자들의 토론은 세상에 평화를 더한다."(탈무드 산헤드린 42a)

다툼이 아니라, 건설적 경쟁은 학문과 영성을 깊게 만듭니다. 현재의 시스템은 지나치게 독점적이어서, 정체와 안일함에 빠질 위험이 있습니다. 새로운 랍비 학교가 세워지고, 다양한 교육 접근이 시도될 때, 더 깊은 신학적 성찰과 영적 각성이 가능해질 것입니다. 경쟁은 다툼이 아니라 상호 자극이며, 이는 곧 유대교 교육의 질을 끌어올리는 생명의 숨결이 될 것입니다.

3. 비교파 학교(non-denominational)의 필요성

하나 이상의 초교파(non-denominational) 랍비 학교가 반드시 설립되어야 합니다. 개혁파나 보수파에 속하지 않고 훈련을 시작할 수 있는 자유로운 플랫폼이 주어질 때, 젊은 랍비 지망자들은 자신의 신앙과 소명을 깊이 성찰할 기회를 갖게 됩니다. 성경은 이렇게 말합니다.

"여호와를 경외하는 것이 지식의 근본이요…"(잠언 1:7)

진정한 교육은 정체성의 근원, 즉 하나님 경외로부터 시작되어야 합니다. 초교파 학교는 토라와 탈무드 본질을 자유롭게 탐구하면서도, 신앙과 책임을 동시에 배울 수 있는 진정한 신학교가 되어야 합니다. 이러한 공간은 영적 탐구자들에게 길을 열어줄 것이며, 유대교 전통에 신선한 생기를 불어넣을 것입니다.

4. 교수의 자격 : 학문과 인격, 그리고 소통의 능력

랍비 교육 수준을 결정하는 가장 중요한 요소는 교수진입니다. 단순히 명망 높은 학자가 아니라, 소통의 능력을 갖추고 생명을 전이(transfer of life)할 수 있는 스승이 필요합니다. 미쉬나를 보세요. 이렇게 가르칩니다.

"עשה לך רב…"
"너를 위한 랍비를 세우라…"(미쉬나 아보트 1:6)

기독교 성경도 이러한 가르침을 주고 있습니다.

"너희는 선생이라 불리우기를 좋아하지 말라. 너희 선생은 하나요, 너희는 다 형제니라."(마태복음 23:8)

진정한 스승은 지식을 전달하는 사람이 아니라, 진리 앞에 무릎 꿇고, 제자의 영혼을 길러내는 사람입니다. 교수는 학생의 질문을 경청하고, 그 안에서 신앙의 불꽃을 발견할 줄 알아야 합니다. 또한 자신도 끊임없이 배움의 자세를 유지하며, 학생과 함께 성장할 수 있어야 합니다.

5. 랍비 교육의 재구성은 유대교 회복의 출발점

랍비 학교는 단순한 학문 기관이 아닙니다. 그것은 하나님의 백성을 위한 제사장들을 세우는 제단이며, 유대교 전통의 생명을 이어가는 심장입니다. 이 제단이 무너지면, 유대교 전체가 방향을 잃고 말 것입니다. 성경은 이렇게 말합니다.

"내 입의 말과 내 마음의 묵상이 주의 앞에 열납되기를 원하나이다."(시편 19:14)

참된 교육은 단순한 정보 전달이 아니라, 하나님 앞에 드려지는 마음의 훈련입니다.

- 지성보다 더 깊은 영성,
- 정보보다 더 강한 소명,
- 방법보다 더 고귀한 목적이 랍비 교육의 중심에 자리 잡아야 합니다.

이러한 교육 개혁이 이루어진다면, 유대교는 다시금 영적 생명력을 회복할 것이며, 랍비들은 토라의 불을 들고 세상을 밝히는 등불이 될 것입니다. 성경은 분명하게 말하고 있습니다.

"너는 많은 사람을 옳은 길로 돌아오게 하는 자가 되어, 별처럼 영원히 빛나리라."(다니엘 12:3)

제10장
랍비는 연구하고 성찰할 시간을 가져야 한다
(On the Sacred Necessity of Study
and Reflection for the Rabbi)

제10장
랍비는 연구하고 성찰할 시간을 가져야 한다
(On the Sacred Necessity of Study
and Reflection for the Rabbi)

랍비는 단순한 종교 기능인이 아닙니다. 그는 생각하는 자요, 가르치는 자요, 묵상하는 자요, 시대를 분별하여 하나님의 뜻을 백성에게 전달하는 선지자적 인물입니다. 그러므로 랍비는 반드시 일정한 시간을 학문과 사색, 연구와 기도, 독서와 글쓰기에 바쳐야 합니다. 이는 개인적인 취미나 지적 사치가 아니라, 그의 사역의 중심이며, 존재 이유입니다. 성경은 이렇게 말합니다.

"여호와의 율법을 즐거워하여 주야로 묵상하는 자는 복이 있도다."(시편 1:2)

랍비가 신선한 영적 통찰을 전달하기를 원한다면, 그는 그 통찰을 자기 내면의 경작을 통해 길러야 합니다. 말의 힘은 정보에서 나오는 것이 아니라, 묵상과 기도로 다듬어진 사상에서 나오는 것입니다.

1. 연구와 묵상은 랍비의 본질적 사역이다

정기적인 학습, 독서, 사고, 글쓰기에 바치는 시간은 랍비 직무 수행의 핵심입니다. 이 시간은 회중과 공동체 모두가 소중히 여겨야 할 성스러운 투자입니다. 랍비에게 있어 연구와 묵상은 여가가 아니라, 사역 그 자체이며, 영혼을 위한 노동입니다. 탈무드는 이렇게 가르칩니다.

"גדולה תלמוד תורה שכנגד כולם"

"토라 학습은 모든 미쯔바보다 위대하다." (탈무드 베라호트 35b)

성경도 이렇게 가르칩니다.

"너는 이 책의 율법을 네 입에서 떠나지 말게 하며 주야로 그것을 묵상하여 그 가운데 기록된 대로 다 지켜 행하라. 그리하면 네 길이 평탄하게 될 것이며 네가 형통하리라." (여호수아 1:8)

공적 설교가 공동체를 움직인다면, 사적 묵상은 설교자를 세웁니다. 먼저 말씀 앞에 조용히 머무는 자만이, 그 말씀을 능력있게 선포할 수 있습니다.

2. 회중의 이해와 협력이 필요하다

오늘날 많은 랍비들은 과도한 행정과 사회적 요구에 쫓기며, 학습과 묵상을 위한 시간을 거의 확보하지 못하는 현실에 놓여 있습니다. 양심적인 랍비일수록 새벽이나 심야에 마치 시간을 훔치듯 독서하고 연구하지만, 이로 인해 심신이 소진되고, 가르침 또한 메말라 갑니다. 성경은 이렇게 말합니다.

"내 백성이 지식이 없음으로 망하는도다."(호세아 4:6)

미쉬나는 이렇게 가르칩니다.

"בלו תורה-בלו דרך ארץ"
"토라가 없으면 인간됨도 없다."(미쉬나 아보트 2:5)

랍비가 배우지 못하면, 회중도 피폐해집니다. 그러므로 랍비 협회와 회당 운영 위원회는 회중에게 다음 사실을 분명히 설명해야 합니다.

- 랍비의 학습 시간은 단순한 사적 특권이 아니라, 공동체 전체의 영적 복지를 위한 필수 시간입니다.
- 랍비가 연구하고 묵상하는 동안, 공동체도 함께 말씀을 준비하는 자로서 참여하는 인식을 가져야 합니다.

성경은 이렇게 말합니다.
"의인의 입은 생명의 샘이요, 악인의 입은 포악함을 숨기느니라."(잠언 10:11)

회중은 랍비의 연구와 묵상의 시간을 공동체를 위한 신성한 투자로 존중해야 합니다.

3. 성스러운 시간 : 학습과 묵상을 위한 보호 시간

이러한 인식 하에, 우리는 하루 중 일정 시간을 '성스러운 시간'(sacrosanct time)으로 구별하여, 랍비가 학습과 묵상에 전념할 수 있도록 제도화해야 합니다. 이 시간은 외부 연락이나 회의, 모든 요청으로부터 차단되어야 하며, 랍비 스스로도 이를 신성하게 지켜야 합니다. 성경은 이렇게 말합니다.

"그러므로 보라, 내가 그를 이끌어 광야로 가서 그와 말하리라."(호세아 2:14)

탈무드는 이렇게 가르칩니다.

"אין התורה נקנית אלא במי שממית עצמו עליה"
"토라는 자신을 죽이듯 몰입하는 자에게만 주어진다."(탈무드 샤바트 63a)

고요와 집중, 심지어 목숨을 건 진지함이 있어야만 참된 학습이 이루어집니다. 이 '성스러운 시간'은 매일 반복되어야 하며, 회중 역시 이 시간의 신성함을 존중해야 합니다.

4. 묵상의 부재는 공허한 사역을 낳는다

오늘날 랍비 사역이 점점 조직적이고 외형 중심적으로 변해가는 근본 원인 중 하나는, 바로 묵상의 부재 입니다. 연구 없는 프로그램, 묵상 없는 설교, 기도 없는 행정은 랍비 사역을 영적 리더십이 아니라 기능적 관리로 전락시킵니다. 기독교 성경을 읽어 보면 귀한 가르침을 줍니다.

"하나님의 나라는 말에 있지 않고 능력에 있느니라."(고린도전서 4:20)

미쉬나 또한 같은 교훈을 줍니다.

"אם אין דעת, אין בינה"
"지식이 없으면 통찰도 없다."(미쉬나 아보트 3:9)

토라에 뿌리내리지 않은 직관은 공허하고, 외침은 헛될 뿐입니다. 한 랍비의 깊이 없는 설교, 감동 없는 예배는 단순히 기술 부족 때문이 아니라, 내면의 고요와 깊이를 상실했기 때문입니다. 참된 묵상과 연구는 설교에 생명의 힘을 불어넣고, 교육에 깊은 뿌리를 내리게 하며, 공동체에 영적 활력을 회복시킵니다.

5. 학습하는 랍비, 살아 있는 유대교

오늘날 유대교가 다시 살아나기 위해 필요한 것은 더 많은 프로그램이나 더 화려한 행사들이 아닙니다. 필요한 것은 더 깊은 랍비, 더 진지한 묵상, 더 충만한 말씀입니다. 성경은 이렇게 말합니다.

"여호와여, 주의 도를 내게 보이시고 주의 길을 내게 가르치소서. 주의 진리로 나를 인도하시고 교훈하소서."(시편 25:4 - 5)

회중은 랍비의 학습과 묵상 시간을 투자로 이해해야 하며, 랍비는 그 시간을 훈련과 헌신의 시간으로 삼아야 합니다. 그렇게 될 때, 한 사람의 깊은 영혼은 수백 명의 신앙을 일깨울 것이며, 시대의 공허함 속에서도 하나님의 말씀이 다시 울려 퍼지게 될 것입니다. 미쉬나는 이렇게 가르칩니다.

"העוסק בתורה לשמה זוכה לדברים הרבה"

"토라를 그 자체로 사랑하며 연구하는 자는 많은 복을 받는다."(미쉬나 아보트 6:1)

그 복은 단지 개인에게 머물지 않고, 공동체와 세상을 향해 흘러갑니다.

제11장

랍비 간의 교류와 인가받은 평신도 제도

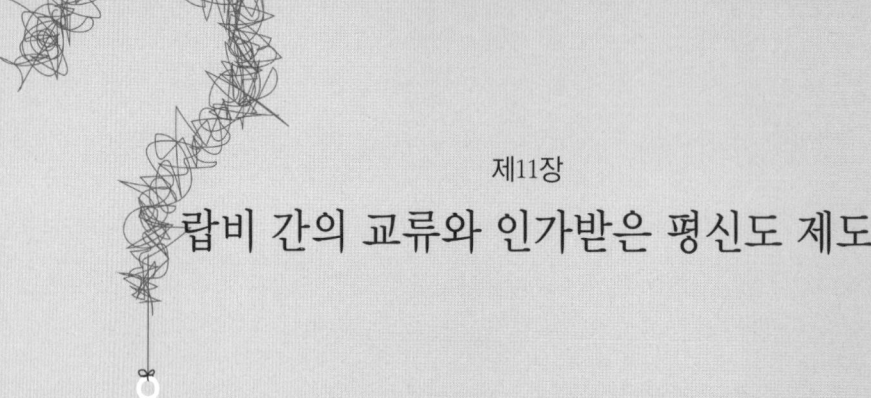

제11장
랍비 간의 교류와 인가받은 평신도 제도

현대 유대 공동체와 교회 공동체 모두는, 신앙의 심장부를 이루는 예배와 종교 의무의 지속적 수행을 위해 안정적인 영적 지도력(rabbinic leadership 또는 pastoral leadership)을 필요로 합니다. 그러나 지역 사회의 규모와 환경, 지도자의 수와 능력은 각기 다릅니다. 특히 작고 외진 지역에서는 한 명의 랍비나 목회자가 모든 예식, 교육, 상담, 공동체 행정을 감당하기 어려운 상황이 자주 발생합니다.

이러한 현실을 고려할 때, 두 가지 대안적 구조가 제안될 수 있습니다. 바로 랍비 교류 제도(rabbinical exchange)와 인가받은 평신도 제도(authorized lay leadership)입니다. 이는 고대 유대 전통과 성경 원리에 깊이 뿌리내린 제안이며, 현대 공동체가 건강하게 지속될 수 있는 실천 가능한 지혜입니다.

1. 랍비 교류 제도 : 협력을 통한 지속 가능한 사역

유 대교와 기독교 전통 모두에서, 사역은 한 개인의 부담이 아니라 공동체 전체의 책무입니다. 성경은 이렇게 말합니다.

"너 혼자만 이 백성을 재판하는 것은 옳지 못하니라… 너는 또 온 백성 가운데서 능력 있는 사람들을 택하여… 그들로 백성을 재판하게 하라."(출애굽기 18:17 – 22)

모세는 장인 이드로의 조언을 받아 지도력을 분산시켰고, 공동체는 더욱 안정적으로 운영되었습니다. 이 원리는 오늘날 종교 사역에서도 적용될 수 있습니다. 여러 랍비가 한 지역을 함께 섬기는 경우, 요일별 또는 의례별로 사역을 분담할 수 있습니다.

예를 들어,
- 한 랍비는 평일 아침 예배를,
- 다른 랍비는 안식일 전 금요일 저녁 예배와 안식일 아침 중심 사역을 맡을 수 있습니다.

이러한 방식은 다음과 같은 장점을 가져옵니다.
- 공동체에 다양한 교육 스타일과 신학적 해석이 제공됩니다.
- 랍비 개인은 준비와 재충전에 필요한 시간을 가질 수 있습니다.
- 각 랍비가 청소년 교육, 상담, 중보기도 등 특화된 분야에 더 집중할 수 있습니다.

미쉬나는 이렇게 가르칩니다.

"עשה לך רב, וקנה לך חבר"

"너를 위한 랍비를 세우고, 친구를 얻으라."(미쉬나 아보트 1:6)

사역은 고립이 아니라 협력을 통해 더욱 풍성해집니다.

2. 인가 받은 평신도 제도 : 전통 속에 뿌리내린 실천

랍비 교류가 어려운 소규모 지역에서는 인가 받은 평신도(authorized lay leader)를 임시 사역자로 세우는 제도가 대안이 될 수 있습니다. 이는 현대의 필요를 채우기 위한 임시방편이 아니라, 깊은 전통적 근거를 지닌 제도입니다.

2-1. 탈무드의 예 : 평신도의 기도 인도

탈무드는 이렇게 가르칩니다.

"אם אין שם כהן-גדול שבציבור קורא"

"만약 그곳에 제사장이 없다면, 공동체에서 가장 존경받는 사람이 읽는다."(탈무드 머길라 24a)

탈무드 버라호트 24b에서도, 공동체를 대표하는 평신도 샬리야흐 찌부르

(שליח ציבור) 제도를 인정합니다. 이는 성직자 부재시에도 공동체가 신앙을 지속할 수 있도록 한 지혜로운 융통성입니다.

2-2. 성경 속 평신도 사역의 예

성경에서도 평신도 사역은 반복해서 나타납니다.
- 사사 시대의 드보라,
- 왕정 전기의 엘가나,
- 바벨론 포로기 이후의 에스라와 느헤미야

이들은 모두 공식 성직자가 아니었지만, 하나님의 말씀과 공동체 회복에 핵심적 역할을 감당했습니다. 성경은 이렇게 말합니다.

"이 에스라는… 그의 하나님 여호와의 율법을 연구하여 준행하며 율례와 규례를 이스라엘에게 가르치기로 결심하였더라."(에스라 7:10)

평신도도 일정한 훈련과 헌신 속에서 공동체를 섬길 수 있음을 보여줍니다.

3. 교육과 인가의 기준

현대의 인가 평신도는 다음과 같은 과정을 통해 준비되어야 합니다.

- 기본 종교교육 과정 이수(랍비학교, 지역 교육기관, 온라인 강의 등).
- 기도문 해석, 예배 절차, 토라 낭독법 등의 실습 중심 훈련.
- 윤리 교육 및 공동체 내 위기 상황 대응 훈련.
- 지역 랍비 또는 공동체 위원회로부터의 공식 인가.

이는 단순한 형식적 허가가 아니라, 전통과 책임을 이해하고 실천할 수 있는 신앙적 성숙을 요구하는 과정입니다. 미쉬나는 이렇게 가르칩니다.

"אין בור ירא חטא ולא עם הארץ חסיד"

무지한 자에겐느 죄에 대한 두려움이 없다. 배우지 못한 사람은 신앙인이 될 수 없다.(미쉬나 아보트 2:5)

지도자는 겸손히 배우며, 책임을 진지하게 감당해야 합니다.

4. 랍비와 평신도의 사역 분담

이러한 제도가 공동체에 뿌리내리면 다음과 같은 이점을 기대할 수 있습니다.

- 랍비는 더 깊은 교육, 상담, 신학적 연구에 집중할 수 있습니다.
- 인가 평신도는 일상 예배, 기도 인도, 성경 봉독을 보조할 수 있습니다.
- 공동체는 예배와 신앙 교육이 끊기지 않고 지속될 수 있습니다.
- 다음 세대 양육에 더 많은 시간과 에너지가 투자될 수 있습니다.

기독교 성경은 이렇게 말합니다.

"몸은 많은 지체가 있으나 한 몸이요… 각 지체가 서로를 돌보게 하셨느니라."(고린도전서 12:12 – 25)

랍비와 평신도가 서로의 역할을 인식하고 협력할 때, 공동체는 더욱 건강하고 충만하게 세워질 것입니다. 이를 도표로 그려보면 이해하기 좋을 것입니다.

구분	랍비 교류 제도	인가받은 평신도 제도
목적	사역 분담 및 질서 유지	소규모 공동체의 예배 지속
전통 근거	출 18:17–22, 바울의 사역 분담	탈무드 버라호트 24b, 머길라 24a
교육 내용	예식별 분업과 협력 시스템	기도문, 토라 봉독, 윤리 교육
기대 효과	랍비의 집중 사역 가능	공동체 예배의 지속 가능성 확보

전통과 지혜를 잇는 구조

랍비 교류 제도와 인가받은 평신도 제도는, 단순한 구조 개편이 아닙니다. 이것은 고대 전통과 현대 공동체의 필요를 연결하는 영적 유연성과 협력의 지혜입니다. 랍비의 소명은 단지 예배를 인도하는 데 머물지 않습니다. 그의 사명은 말씀을 가르치고, 기도의 삶을 전수하며, 다음 세대를 하나님의 언약 안으로 인도하는데 있습니다. 기독교 성경은 이렇게 말합니다.

"서로 돌아보아 사랑과 선행을 격려하며… 모이기를 폐하는 일이 없이 오직 권면하고…"(히브리서 10:24 – 25)

이러한 구조가 정착될때, 유대 공동체는 더욱 깊은 뿌리를 내리고, 풍성한 열매를 맺게 될 것입니다.

제12장

미쯔바 의무 회비(Mitzvot Dues):
공동체적 자비와 선행의 재정의

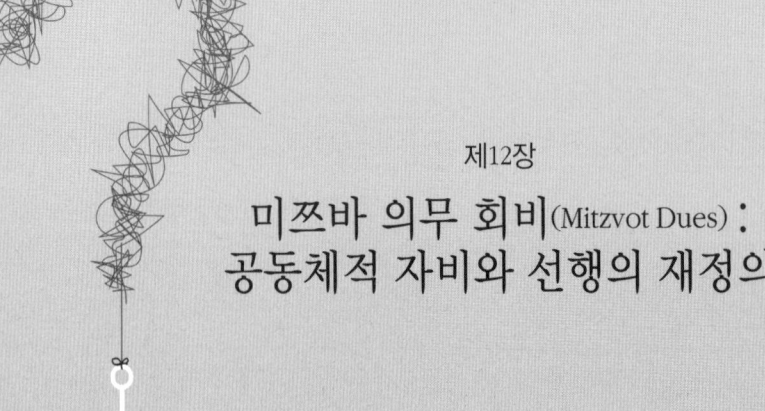

제12장
미쯔바 의무 회비(Mitzvot Dues) : 공동체적 자비와 선행의 재정의

회당은 단순한 예배당이나 친목 공간이 아닙니다. 그것은 신앙 공동체가 하나님의 계명을 삶으로 실천하는 장이며, 토라의 정신이 오늘을 살아 숨 쉬는 집입니다. 따라서 회당의 운영과 공동체 유지에 필요한 '회비'의 개념도 단순한 경제적 부담을 넘어, 신앙적 헌신과 공동체적 책임으로 새롭게 정의되어야 합니다.

1. 경제적 회비에서 영적 회비로의 전환

전통적으로 회당은 운영을 위해 회원들에게 일정한 금전적 회비를 요구해 왔습니다. 이는 시설 유지, 직원 급여, 교육 프로그램 지원 등의 필요에서 비롯된 것입니다. 그러나 이러한 방식은 때로 "돈을 낸 자가 곡을 정한다"는 식의 왜곡된 인식을 심어주어, 신앙 공동체의 본질을 훼손할 위험이 있습니다. 유대 전통은 이를 넘어서는 더 깊은 가르침을 전합니다.

진정한 '회비'는 금전이 아니라 미쯔보트(Mitzvot), 곧 하나님의 계명을 삶으로 실천하는 책임과 헌신이어야 합니다. 이는 단순한 지불 의무가 아니라, 공동체의 일원으로서 자신을 하나님께 드리는 삶의 표현 입니다. 성경은 이렇게 말합니다.

"주의 계명을 즐거워하며, 주의 길을 기쁨으로 걷는 자는 복이 있도다."(시편 119:35)

따라서 회당 회비의 개념도 경제적 거래가 아닌, 영적 서약으로 새롭게 정의되어야 합니다.

2. 거밀루트 하사딤(גמילות חסדים) : 자비와 선행의 실천

미쉬나는 이렇게 가르칩니다.

"על שלושה דברים העולם עומד:
על התורה, ועל העבודה, ועל גמילות חסדים"
"세 가지가 세상을 지탱한다 :
토라, 예배, 그리고 자비의 행위."(미쉬나 아보트 1:2)

여기서 거밀루트 하사딤(**גמילות חסדים**), 곧 자비와 선행의 행위는 단순한 자선(donation)을 넘어, 직접적 행동과 인간적 참여를 의미합니다. 이 자비는 부자와 가난한 자 모두에게, 살아 있는 자와 죽은 자 모두에게 실천되어야 합니다. 탈무드는 또한 이렇게 강조합니다.

"גדולה גמילות חסדים יותר מן הצדקה"

"자비의 행위는 자선보다 더 위대하다."(탈무드 수카 49b)

이는 자비와 선행이 단순히 금전적 기부를 넘어, 마음과 손을 움직이는 삶 전체를 요구함을 의미합니다. 구체적 예로,
- 병문안
- 장례식 조문
- 실직자 지원
- 시각장애인 돕기
- 고아와 과부 돌봄

이 모든 것이 거밀루트 하사딤(친절을 베풀어 주는 행위)의 실천입니다.

3. 아브라함의 환대 : 자비의 모범

성경은 이렇게 말합니다.

"아브라함이 장막 문에 앉아 있다가 눈을 들어 보니, 세 사람이 맞은편에 서 있는지라. 그가 그들을 보자 마자 장막 문에서 달려 나가 그들을 맞이하며 땅에 엎드려 절하고…"(창세기 18:2)

아브라함은 하나님과의 대화 중에도 낯선 손님을 맞이하고, 최상의 대접을 베풀었습니다. 랍비들은 이 장면을 통해, "손님 접대는 하나님의 임재를 맞이하는 것보다 더 크다"고 해석합니다.

이는 유대 전통에서 자비와 선행이 얼마나 핵심적 위치를 차지하는지를 보여주는 강력한 증거입니다. 미쯔바 의무 회비란 바로 이 아브라함적 환대의 정신을 공동체 속에 체화하는 운동입니다.

4. 미쯔바 의무 회비의 실천 방안

현대 회당은 다음과 같은 구체적 방식으로 미쯔바 의무 회비를 제도화할 수 있습니다.

- 병문안: 병원이나 요양원을 방문하여 환자에게 위로와 희망을 전달
- 시각장애인 지원 : 책을 읽어주거나 생활 지원 활동에 참여
- 어린이 그룹 지도 : 토라 가르침이나 놀이를 통한 교육 활동 진행
- 실직자 지원 : 구직 활동 지원, 이력서 작성 지도, 네트워킹
- 장례식 조문 : 슬픔에 잠긴 가족을 위로하고 공동체의 연대를 표현
- 가난한 자 돕기 : 식량 배급, 의류 기부, 주거 지원 활동 참여
- 고독한 노인 방문 : 정기적 방문을 통해 외로움 경감

회당의 자원봉사 코디네이터는 회원들의 관심과 가능성에 따라 미쯔바 활동을 배정하고 독려할 수 있습니다. 이러한 활동은 개인의 신앙을 삶으로 확장하고, 공동체의 건강한 영적 생태계를 형성하는데 기여합니다.

5. 공동체적 책임의 재정의

과거에는 랍비나 소수 리더들이 대부분의 자비와 선행을 담당했습니다. 그러나 이제는 모든 공동체 구성원이 함께 책임을 지고, 신앙의 가치를 실천해야 합니다. 탈무드는 반복해서 강조합니다.

"גדולה גמילות חסדים יותר מן הצדקה"

"자비의 행위는 자선보다 더 위대하다."(탈무드 쑤카 49b)

이는 공동체의 영성은 몇몇 사람의 수고로 유지되는 것이 아니라, 모든 구성원의 자발적 참여와 책임 의식 위에 세워져야 함을 의미합니다. 이제는 모든 성인이 최소 연간 몇 차례 이상의 자비 행위에 참여할 것을 요구하는 규범을 만들고, 이를 공동체의 기본 신앙 실천으로 자리잡게 해야 합니다. 성경은 이렇게 말합니다.

"너희는 선을 행하기를 배우며, 정의를 구하며, 압제받는 자를 도우라."(이사야 1:17)

6. 요약 도표 : 금전 회비와 미쯔바 회비의 비교

구분	금전 중심 회비(기존 방식)	미쯔바 회비(새로운 방식)
핵심 개념	돈을 내는 것이 중심	자비와 선행을 실천하는 것 중심
참여 태도	수동적 참여(지정된 돈을 내기만 함)	적극적 참여(시간, 행동, 마음을 함께 드림)
사용 목적	회당(기관)의 운영비 충당	공동체 전체의 영성 및 삶의 질 향상
수혜 대상	회당 또는 지도자	구성원 전체(공동체적 혜택)
신앙과 성장 효과	개인적, 제한적	공동체적, 깊이 있는 영적 성장

7. 결론 : 새로운 시대의 유대 공동체

미쯔바 의무 회비의 개념은 유대 공동체를 단순한 금전적 기여의 조직에서, 살아 있는 신앙 공동체로 다시 일으키는 열쇠입니다. 이것은 공동체적 자비와 선행을 '민주화'하는 일입니다. 성경은 이렇게 말합니다.

"네 이웃을 네 자신 같이 사랑하라. 나는 여호와니라."(레위기 19:18)

또한 기독교 성경은 이렇게 강조합니다.

"서로 사랑하라. 내가 너희를 사랑한 것 같이 너희도 서로 사랑하라."(요한복음 13:34)

모든 구성원이 하나님의 사랑을 행동으로 실천하고, 서로를 위해 헌신할 때, 유대 공동체는 더욱 강하고 거룩한 공동체가 될 것입니다. 탈무드는 이렇게 가르칩니다.

"העוסק בצרכי ציבור באמונה, צדקו עומד לעד"

"공동체를 위해 충성스럽게 일하는 자는 그의 의가 영원히 선다."(탈무드 버라호트 18b)

이제 우리는 미쯔바 회비를 통해 공동체를 살아 있는 신앙의 집으로 재구성해야 합니다. 그 길 위에, 하나님의 축복과 영광이 함께할 것입니다.

제13장
유대 계몽을 위한 최소한의 프로그램

제13장
유대 계몽을 위한 최소한의 프로그램

성경은 말합니다

"주의 계명은 순전하여 눈을 밝게 하시도다."(시편 19:8)

1. 계몽은 지식 이전에 눈을 여는 일이다

'계몽'이라는 말은 단지 지식을 전달한다는 의미가 아닙니다. 계몽은 영혼의 눈을 밝히는 일이며, 한 민족이 하나님의 언약 가운데 자신을 발견하고 다시 일어서는 길입니다.

성경은 이렇게 말합니다.

"주의 계명은 순전하여 눈을 밝게 하시도다."(시편 19:8)
유대 신앙의 지식은 본래 하나님께서 모든 백성에게 주신 유산입니다. 그것은 랍비나 학자들만의 전유물이 아니라, 모든 세대와 모든 사람이 누릴 수 있는 공공의 생명 자산입니다.

성경은 이를 분명하게 말하고 있습니다.

"율법은 우리에게 모세로 말미암아 명령하신 것이요, 야곱의 총회에게 기업이 되었도다."(신명기 33:4)

그러나 오늘날 많은 유대인들—특히 보수파나 개혁파 진영에서 자란 이들은 신앙 지식을 '여유 있는 자들만의 특권'으로 여기며, 자신과는 동떨어진 영역으로 느끼곤 합니다. 바쁜 생업과 가정의 압박 속에서 신앙 교육을 실천하기란 결코 쉽지 않기 때문입니다. 심지어 어떤 이들은 말합니다.

"신앙 교육은 중요하지만, 내 삶에는 그것을 위한 시간이 없어요."

그러나 미쉬나는 이렇게 경고합니다.

"אל תאמר לכשאפנה אשנה-שמא לא תפנה"

"나는 여유가 생기면 배우겠다고 말하지 말라. 여유는 오지 않을지도 모르기 때문이다."(미쉬나 아보트 2:4)

하나님의 말씀은 여유 있는 자에게 주어진 특권이 아니라, 지금 여기 있는 우리 모두에게 주어진 부르심입니다.

2. 최대가 아닌 최소의 충실함

현대 교육의 한 가지 실수는, 언제나 크고 복잡한 체계를 세우는 데 집중한다는 점입니다. 유대 교육도 마찬가지로, 지나치게 방대한 교재와 다단계 프로그램을 준비하는 경향이 있습니다. 그러나 실상 많은 학습자들은 중도에 지치고, 결국 학습을 포기하게 됩니다. 하나님께서 기뻐하시는 것은 많음이 아니라 진실함, 거대함이 아니라 지속됨입니다. 기독교 성경도 이를 분명하게 가르칩니다.

"너희가 겨자씨 한 알 만한 믿음이 있다면…"(마태복음 17:20)

즉, 작고 단순한 신앙 실천이 오히려 본질을 붙드는 가장 강력한 도구가 될 수 있습니다. 그러므로 오늘날 유대 교육이 회복되기 위해서는, 모든 세대와 삶의 자리에서 적용 가능한 '최소한의 충실한 프로그램'이 필요합니다.

3. 이야기 중심 교육 : 가장 오래되고 가장 새로운 길

성경은 이야기로 가득합니다. 하나님은 아브라함을 한 이야기로 부르셨고, 이스라엘은 출애굽의 이야기로 세워졌으며, 유대 전통은 세대를 잇는 '말씀의 이야기 공동체'입니다. 성경은 이렇게 명령합니다.

"너는 네 자녀에게 말하라 : 여호와께서 나를 이집트에서 인도하여 내셨다."(출애굽기 13:8)

이는 단순한 역사 전달이 아니라, 정체성과 믿음의 계승입니다. 현재 미국의 한 유대 주일학교는 이러한 원리를 실천하여, 이야기만으로 구성된 교육 과정을 운영하고 있습니다. 이 프로그램은 보조 기술(음악, 연극 등)을 모두 생략하고, 오직 '이야기'에 집중합니다.

총 180개의 성경 이야기를 연대기적으로 배열하여, 매년 약 30개의 이야기를 다루며 6년간 전 과정을 마치는 구조입니다. 이 수업은 다음 네 단계로 구성됩니다:

1) 이야기의 전달 : 마음을 여는 문
교사는 이야기를 생생하게 전달합니다. 단순한 줄거리 암기가 아니라, 연극처럼 살아 있는 내러티브로 풀어내어, 학생들의 상상력과 감정, 영혼을 흔들어야 합니다. 탈무드는 이렇게 말합니다.

"סיפוב פותח לב סגור"
"좋은 이야기는 닫힌 마음을 연다."(미드라쉬 에스더 라바)

예컨대, 야곱이 천사와 씨름하는 이야기(창 32:24 – 30)를 전하면서, 미드라쉬에서 유사한 사례나 유대 역사 속 고난과 용기의 인물들을 덧붙이면, 이야기는 과거의 사건이 아닌 오늘의 길잡이가 됩니다.

2) 종교적 · 도덕적 의미 해석 : 말씀의 깊이로 안내
이야기의 핵심 메시지를 명확히 해석해야 합니다. 단순한 재미나 감정의 공유로 그치지 않고, 하나님의 뜻, 인간의 도리, 신앙의 정체성을 바르게 드러내야 합니다. 기독교 성경은 이렇게 말합니다.

"하나님의 말씀은 살아 있고 활력이 있어 좌우에 날선 어떤 검보다도 예리하여…"(히브리서 4:12)

해석되지 않은 이야기는 추억에 머물 뿐입니다. 해석은 이해를 낳고, 이해는 헌신을 이끕니다.

3) 삶과 연결시키기 : 신앙의 자기화

교사는 이야기를 학생 개인의 삶과 연결시켜야 합니다. 예컨대, 야곱의 씨름 이야기를 전한 후, 이렇게 묻습니다.

"여러분은 지금 어떤 천사와 씨름하고 있나요?
외로움, 실패, 불안, 질병, 혹은 정체성의 혼란?
그 속에서 하나님은 여러분에게 어떤 이름을 주고 계십니까?"

이러한 질문은 신앙을 박물관의 유물이 아닌, 오늘도 살아 있는 하나님과의 만남으로 이끌어 줍니다. 성경은 이렇게 약속합니다.

"내가 너와 함께 하리라… 너는 내 것이라."(이사야 43:1 – 2)

4) 토론과 질문 : 참여를 통한 내면화

마지막으로, 자발적 토론과 질문의 시간이 이어집니다. 교사는 개방형 질문 목록을 준비하여, 학생들이 자신의 생각과 감정을 나누게 합니다. 탈무드는 이렇게 가르칩니다.

"תלמוד מביא לידי מעשה"

"공부는 실천으로 이어져야 한다."(탈무드 키두신 40b)

배운 것을 자기 언어로 말하고, 친구들과 토론하는 과정 속에서 신앙은 자기 고백으로 성장합니다.

4. 교사와 부모 : 함께 배우는 공동체

이 실험 교육을 이끄는 교사들은 대부분 유대교 전공자가 아니었습니다. 오히려 두 자녀의 어머니이자 교장이 된 한 여성의 인도 아래, 교사들이 스스로 배우며 수업을 준비했고, 가르침과 배움이 동시에 이루어지는 공동체가 되었습니다. 성경은 이렇게 명령합니다.

"이 말씀을 네 자녀에게 부지런히 가르치며, 네 집에 앉았을 때에도, 길을 갈 때에도, 누워 있을 때에도 일어날 때에도 이 말씀을 말할 것이며…"(신명기 6:7)

부모가 함께 배우며 자녀와 신앙을 나누는 공동체야말로, 가장 강력한 교육 공동체입니다.

"작은 수업, 큰 계몽"
짧은 시간과 제한된 자원을 가진 주일학교에서도, 이야기를 중심으로 한 최소한의 프로그램을 통해 영혼을 깨우고, 공동체를 새롭게 하는 계몽이 가능합니다. 성경은 이렇게 선언합니다.

"주의 말씀은 내 발에 등이요, 내 길에 빛이니이다."(시편 119:105)

그 빛은 때로 거대한 성전이 아니라, 작은 교실, 소박한 이야기, 한 사람의 진심 어린 질문 속에 임합니다. 이야기 하나가 한 가정을 살리고, 한 교사가 한 세대를 일으키며, 작은 수업이 한 민족의 계몽의 불씨가 될 수 있습니다.

이제 우리에게 필요한 것은 최소한의 프로그램이 아니라, 최고의 진심입니다.

제14장

대중적인 책들 – 유대교 입문서

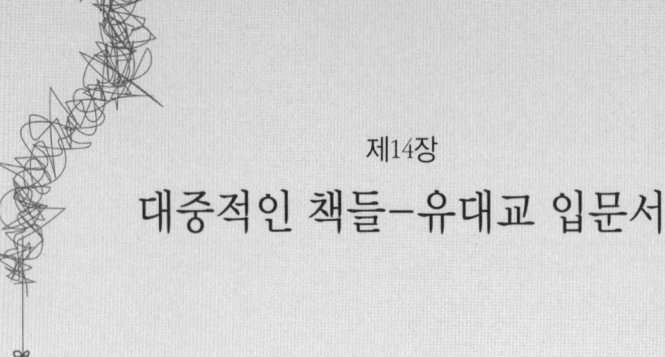

제14장
대중적인 책들-유대교 입문서

성경은 이렇게 가르칩니다.

"지혜로운 자는 청중을 이끌되, 그의 말은 즐겁게 하며, 진리의 말씀을 정직하게 전하였도다."(전도서 12:10)

1. 새로운 시대, 새로운 사명 : 입문서를 통한 신앙 전수

오늘날 유대교 신앙의 보존과 계승을 위해 가장 시급하고도 실제적인 과제 중 하나는, 모든 세대가 쉽게 접근할 수 있는 대중적 입문서의 집필과 보급입니다. 그동안 유대 신앙은 주로 정통 학자들, 랍비, 학문 공동체를 통해 전승되어 왔습니다. 이들은 토라와 탈무드의 오랜 해석 전통을 지켜내며, 신앙의 보석들을 담아왔습니다.

그러나 21세기 현대 사회는 지식의 수직적 전달에 만족하지 않습니다. 지식은 나눠져야 하며, 쉽게 접근 가능해야 합니다. 성경은 이렇게 선언합니다.

"주의 말씀은 단순한 자도 지혜롭게 하며…"(시편 19:7)

하나님의 말씀은 박사와 학자만이 아니라, 모든 세대와 모든 사람을 위한 생명의 빛입니다. 그러므로 우리는 입문서를 통해 신앙의 문턱을 낮추고, 모든 이가 쉽게 말씀의 세계에 들어올 수 있도록 초대해야 합니다.

2. 유대 신앙의 "손잡이를 달아주는 책들"

고전적인 미드라쉬는 이렇게 말합니다.

"עשו לתורה אזנים וידיות"
"토라에 귀와 손잡이를 달아주어라."
(미드라쉬 머힐타 더 랍비 쉬몬 바르 요하이, 출애굽기 19)

이는 위대한 가르침이라 하더라도, 듣고 붙잡을 수 있어야만 그 생명력이 실제 삶에 스며들 수 있다는 가르침입니다. 아무리 깊은 진리도,

- 손잡이 없는 문이라면
- 귀에 들리지 않는 말이라면
- 사람들은 다가갈 수 없습니다.

입문서는 손잡이입니다. 입문서는 복잡한 유대 신앙의 세계에 부드럽게 들어가는 열린 문이며, 붙잡을 수 있는 다리입니다.

3. 왜 랍비가 입문서를 써야 하는가?

전통적으로 랍비는 깊은 연구와 치밀한 해석의 전문가였습니다. 그들의 학문은 정밀하고, 토론은 엄밀했으며, 율법적 논쟁은 오랜 전통의 정수를 담고 있습니다. 그러나 탈무드는 이렇게 가르칩니다.

"ולמד לשן עם הארץ"
"학자는 평민의 언어를 배워야 한다."(탈무드 퍼사힘 87b)

학자만을 위한 학문은 공동체를 살릴 수 없습니다.
- 지혜는 풀어져야 하고,
- 진리는 쉽게 들려야 하며,
- 말씀은 다가올 수 있어야 합니다.

성경은 이렇게 말합니다.

"지혜는 그것을 얻는 자에게 생명 나무라."(잠언 3:18)

오늘날의 랍비는 깊은 학문과 함께 초보자의 눈높이에 맞는 친절한 가르침을 준비해야 합니다. 이는 단순한 선택이 아니라, 시대가 요구하는 새로운 사명입니다.

4. 주제별 입문서 : 다양성과 깊이의 조화

효과적인 입문서는 단일 주제에 그치지 않고, 유대 신앙의 다양한 영역을 조화롭게 풀어내야 합니다. 다음과 같은 주제별 입문서는 매우 절실합니다.

1) 선지자들의 메시지

이사야, 예레미야, 에스겔 등 선지자들의 목소리는 오늘날에도 여전히 강력하게 울립니다. 그들의 외침은 단순한 경고가 아니라, 회복과 소망의 예언입니다.

성경은 이렇게 사람을 부릅니다.

"너희는 여호와를 만날 만한 때에 찾으라."(이사야 55:6)

선지서 입문서는 오늘날 독자들에게 하나님의 마음과 시대를 향한 부르심을 전할 수 있습니다.

2) 탈무드 입문서

탈무드는 복잡하고 다양한 토론으로 가득 차 있지만, 적절히 해설된 입문서는 새로운 독자들에게 지혜의 보석을 선물할 수 있습니다. 미쉬나는 이렇게 가르칩니다.

"הפוך בה והפוך בה דכלא בה"

"그것을 뒤집고 또 뒤집어라. 모든 것이 그 안에 있다."(미쉬나 아보트 5:22)

탈무드 입문서는 지혜와 신앙, 삶의 깊은 통찰을 안내하는 지도가 될 것입니다.

3) 기도서 해설

유대인의 하루는 기도로 열리고 기도로 닫힙니다. 기도문에 담긴 신학과 문학, 감정의 깊이를 해설하는 책은, 일상 속 신앙의 숨결을 풍성하게 할 것입니다. 성경은 이렇게 고백합니다.

"주여, 아침에 주의 인자하심을 듣게 하소서."(시편 143:8)

4) 유대 신앙의 영웅들

아브라함, 다윗, 드보라, 랍비 아키바, 마이모니데스 등 믿음의 선조들을 소개하는 책은, 오늘을 사는 이들에게 신앙의 모델과 용기의 표본을 제공할 수 있습니다. 기독교 성경은 이렇게 도전합니다.

"믿음의 선한 싸움을 싸우라."(디모데전서 6:12)

5. 글쓰기의 영적 책임 : 독자를 영적으로 낳는 일

탈무드는 이렇게 강조합니다.

"כל המלמד את בן חברה־מעלה עליו הכתוב כאילו ילדו"

"다른 사람에게 토라를 가르치는 자는, 마치 그를 낳은 자와 같다."(탈무드 산헤드린 19b)

글을 쓰는 자는
- 정보를 나누는 사람이 아니라,
- 영혼에 씨앗을 심는 농부이며,
- 미래 세대를 세우는 부모입니다.

따라서 대중적 입문서를 쓰는 일은 거룩한 부르심이며, 하나님 앞에서의 영적 봉사입니다.

쉽고 깊은 책을 위한 새로운 사명

오늘날 랍비들과 신앙 교사들은 쉽게 읽히면서도 깊이 있는 책들을 집필해야 합니다. 이 책들은
- 학문적 논문이 아니라,
- 법률 서적이 아니라,
- 하나님을 알고자 하는 초심자들을 위한 다리가 되어야 합니다.

손에 손잡이를 달아주고, 귀에 문을 열어주고, 마음에 첫걸음을 안내하는 책, 그것이 오늘날 유대 신앙을 다시 살아 움직이게 할 것입니다. 성경은 이렇게 약속합니다.

"지혜 있는 자는 빛과 같이 빛날 것이요, 많은 사람을 옳은 데로 돌아오게 한 자는 별과 같이 영원토록 빛나리라."(다니엘 12:3)

이제야말로, 지혜를 풀어 나누고, 신앙을 쉽게 펼쳐 보이며, 하나님의 빛을 널리 비출 때입니다.

제15장
유대 신앙의 미래를 향한 세 가지 길

제15장
유대 신앙의 미래를 향한 세 가지 길

"내 백성이 지식이 없어 망하는도다"(호세아 4:6)
"이는 너희가 행할 길을 알게 하려 하심이라"(여호수아 3:4)
"토라는 빛이고, 책망의 훈계는 생명의 길이라"(잠언 6:23)

유대 신앙의 미래를 책임지는 일은 단지 어떤 제도를 개선하거나 새로운 프로그램을 마련하는 수준의 문제가 아닙니다. 그것은 하나님의 언약을 다음 세대로 온전히 전하고, 시대의 어둠 속에서도 빛을 비추는 백성으로 살아가는 언약 공동체의 책임이자 소명입니다.

지금까지 우리는 세 가지 제안을 제시했습니다.

- 평신도들에 의한 목회적 돌봄의 실천,
- 모든 세대를 위한 유대교 교육 과정의 개발,
- 유대 신앙을 훼손하지 않으면서 대중화할 수 있는 입문 문학의 창작.

이 세 가지는 단순한 실행 계획이 아니라, 미래의 유대교를 위한 토대이며, 영적 생태계를 재구성하기 위한 성스러운 출발점입니다. 그러나 이 모든 계획은 인간의 손만으로 완성되지 않습니다. 성경은 이렇게 말합니다.

"주의 도는 완전하고, 여호와의 말씀은 정미하니, 그는 자기에게 피하는 모든 자의 방패시로다."(시편 18:30)

하나님의 말씀에 피하고, 그의 길을 따르려는 순종이 함께할 때, 이 모든 제안은 비로소 실현될 수 있습니다.

1. 평신도에 의한 목회적 돌봄 : 공동체 전체의 사명

오늘날 유대 신앙 공동체는 더 이상 전문 랍비 한 사람에게만 의존할 수 없는 시대를 맞이하고 있습니다. 지역사회는 점점 다양해지고 있으며, 랍비의 수는 줄어들고 있고, 그 사역의 범위는 확장되고 있습니다. 이러한 시대적 조건은 우리에게 평신도의 적극적 참여와 동역을 요구합니다. 미쉬나를 읽어보면 이런 말씀이 있습니다.

"היכן שאין אנשים-השתדל להיות איש"
"사람이 없으면, 네가 사람이 되라."(미쉬나 아보트 2:5)

신앙의 빈자리를 느낄 때, 누군가가 그것을 대신 메워야 합니다. 그리고 그 누군가는, 곧 우리 자신입니다. 성경도 다음과 같이 명령합니다.

"네 형제 중 가난한 자가 네 성중에 있거든… 네 손을 그에게 펴라."(신명기 15:7 – 8)

이는 단순한 물질적 구제를 넘어서, 정서적 위로, 신앙적 안내, 관계적 돌봄, 영적 동행을 포함하는 포괄적 돌봄의 윤리입니다. 이 시대의 회중은 더 이상 수동적인 청중이 아니라, 신앙을 함께 세워가는 협력자로 서야 합니다. 기독교 성경에서 사도 바울도 공동체 안에서 각자의 은사를 강조하며 말합니다.

"그가 어떤 사람은 사도로, 어떤 사람은 선지자로… 또 어떤 사람은 목사와 교사로 삼으셨으니, 이는 성도를 온전하게 하여 봉사의 일을 하게 하며, 그리스도의 몸을 세우려 하심이라."(에베소서 4:11 – 12)

유대 전통 안에서도, 하나님 앞에 선 자는 반드시 이웃 앞에 서야 한다는 정신이 지속되어 왔습니다. 오늘날 우리는 문병하는 손, 경청하는 귀, 축복하는 입술로서, 삶의 현장에서 토라적 돌봄의 실천자가 되어야 합니다. 기독교 성경에서 예수님은 이렇게 말씀합니다.

"예수께서 이르시되 네 마음을 다하고 목숨을 다하고 뜻을 다하여 주 너의 하나님을 사랑하라 하셨으니."(마태복음 22:37)
"이것이 크고 첫째 되는 계명이요."(마태복음 22:38)
"둘째도 그와 같으니 네 이웃을 네 자신 같이 사랑하라 하셨으니."(마태복음 22:39)
"이 두 계명이 온 율법과 선지자의 강령이니라."(마태복음 22:40)

즉, 사랑의 실천이 곧 신앙의 완성이라는 말입니다.

2. 세대를 위한 교육 과정 개발 : "다음 세대를 잊지 말라"

유대 신앙의 가장 강력한 생존 전략은 언제나 교육이었습니다. 이민, 박해, 전쟁, 이산과 같은 수많은 시련 속에서도 유대인 공동체가 신앙을 계승할 수 있었던 이유는, 말씀을 배우고 가르치는 전통이 무너지지 않았기 때문입니다. 성경은 다음과 같이 명령합니다.

"너는 마음을 다하고 뜻을 다하고 힘을 다하여 네 하나님 여호와를 사랑하라. 오늘 내가 네게 명하는 이 말씀을 너는 마음에 새기고, 네 자녀에게 부지런히 가르치며…"(신명기 6:5 – 7)

미쉬나는 교육의 단계성과 연속성을 이렇게 제시합니다.

... בן חמש למקרא, בן עשר למשנה, בן חמש עשרה לתלמוד

5세에 성경, 10세에 미쉬나, 15세에 탈무드…(미쉬나 아보트 5:21)

이것은 나이에 따라 신앙의 깊이를 넓혀가는 전 생애적 학습 구조를 보여주는 모델입니다. 오늘날 유대 교육은 다음과 같은 방향으로 확장되어야 합니다.

- 영 · 유아기 : 이야기를 통한 신앙 감수성 형성
- 초등기 : 토라의 주요 사건과 인물 탐구
- 청소년기 : 정체성과 윤리의 성찰, 바르/바트 미쯔바(성인식) 교육
- 청년기 : 공동체 참여, 신앙과 직업의 통합
- 장년기 : 말씀의 실천, 다음 세대 지도자로 성장

- 노년기 : 회고, 증언, 영적 유산의 전수

모든 교육은 지식 전달이 아니라 존재의 변화, 곧 말씀을 '삶의 빛'으로 받아들이도록 이끄는 여정이어야 합니다. 성경은 이렇게 고백합니다.

"주의 말씀은 내 발에 등이요, 내 길에 빛이니이다."(시편 119:105)

또한 탈무드는 강조합니다.

"הרבה למדתי מרבותי, ומחברי יותר מהם, ומתלמידי יותר מכולם"
- "나는 스승에게서 많이 배웠고,
- 친구에게서 더 많이 배웠으며,
- 제자에게서 가장 많이 배웠다."(탈무드 타아니트 7a)

배움은 수직적인 전달이 아니라, 수평적 공동 탐구의 과정입니다. 따라서 우리는 함께 배우는 공동체, 서로 가르치는 회중을 지향해야 합니다.

3. 유대 신앙 입문 문학의 창작 : "토라에 손잡이를 달아주라"

입문서는 단순한 설명서가 아닙니다. 그것은 하나님의 말씀과 독자 사이에 다리를 놓는 문학적 미쯔바입니다. 미드라쉬는 이렇게 말합니다.

"עשו לתורה אזנים וידיות"

"토라에 귀와 손잡이를 달아주어라."(미드라쉬 머힐타)

현대 사회는 정보는 많지만, 신앙을 시작할 만한 문턱은 너무 높습니다. 그러나 진리는 멀리 있지 않습니다. 성경을 읽어 보면 이런 말씀이 있습니다.

"말씀이 네 입에 있고, 네 마음에 있으니…"(신명기 30:14)

우리는 오늘의 언어로, 오늘의 감수성과 형식으로, 토라의 깊이를 해치지 않으면서도 쉽게 풀어주는 입문 문학의 필요성을 절실히 느낍니다. 입문 문학은 다음과 같은 특징을 가져야 합니다.

- 이해하기 쉬운 언어
- 깊이 있는 해석
- 구체적인 적용 사례
- 문헌적 근거와 감동적 서술
- 질문을 환영하는 열린 구조

그 주제는 다양할 수 있습니다.

- 유대인의 기도란 무엇인가?
- 샤바트의 영성과 실천.
- 선지자의 목소리.
- 토라란 왜 거룩한가?
- 탈무드는 어떤 책인가?
- 성경의 영웅들 속에서 나를 발견하다.
- 고난 속의 믿음, 희망 속의 랍비.

성경은 이렇게 말합니다.

"이는 기록된 바와 같이, 옛날 일을 기억하며 장차 올 일을 깊이 생각하게 하려 함이라."(이사야 46:9 – 10)

입문서는 단순히 정보가 아니라, 기억과 상상, 믿음과 헌신을 불러일으키는 이야기여야 합니다.

이제 시작일 뿐입니다

이 세 가지 제안은 완성된 해답이 아니라, 다시 질문을 시작하는 출발점입니다. 성경은 이렇게 말합니다.

"아들이 네게 묻기를, 이것이 무슨 뜻이냐 하거든…"(출애굽기 13:14)

질문이 이어질 때, 전통은 살아 있습니다. 묻는 자가 있고, 대답할 자가 있을 때, 신앙은 계승됩니다. 오늘날 우리는 바로 그 대답을 준비해야 할 때입니다. 입을 열어 진리를 말하고, 귀를 열어 시대의 신음에 귀 기울이며, 손을 열어 서로의 짐을 지는 공동체를 세워야 합니다. 성경은 이렇게 기록합니다.

"그들이 여호와를 경외함으로 서로 말하며, 여호와께서 귀 기울여 들으시고…그 이름을 존중히 여기는 자를 위한 기념책이 그 앞에 기록되었느니라."(말라기 3:16)

이제는 우리가 그 기록에 함께 참여할 시간입니다. 질문을 품고, 대답을 준비하며, 함께 길을 찾는 신앙의 공동체로······.

제16장
매일의 기도와 터필린

제16장

매일의 기도와 터필린

"여호와여, 아침에 주께서 나의 소리를 들으시리니, 아침에 내가 주께 기도하고 바라리이다."(시편 5:3)

1. 기도, 존재의 숨결

기도는 유대 신앙의 심장이며, 존재의 숨결입니다. 기도는 단순히 종교적 의무를 수행하는 것이 아니라, 인간이 하나님의 임재 앞에 나아가 자신을 열고, 영혼의 가장 깊은 자리에서 하나님과 만나는 신령한 행위입니다. 시편 기자는 이렇게 고백합니다.

"나는 주를 향하여 손을 들고, 내 영혼을 주께 올립니다."(시편 143:6)

기도는 하나님께 말을 거는 것이 아니라, 하나님의 얼굴을 찾는 일이며, 자기 존재를 하나님께 드리는 거룩한 응답입니다. 하루의 시작, 즉 새벽에 드리는 기도는, 인간의 하루 전체를 하나님의 빛으로 열어젖히는 첫걸음입니다. 하루를 하나님께 맡기고, 존재를 새롭게 정렬하는 시간입니다. 성경은 말합니다.

"주의 율법을 어찌 그리 사랑하는지요, 내가 그것을 종일 읊조리나이다."(시편 119:97)

탈무드 버라호트(Brakhot) 1:2도 이렇게 강조합니다.

"תפלת השחר עד חצת"
"아침 기도는 정오까지 드릴 수 있다."

이것은 단순한 시간 규정이 아닙니다. 하루의 첫 순간을 하나님께 드림으로써, 존재 전체를 거룩하게 하는 영적 원리를 가르치는 것입니다. 기도는 시간을 소비하는 행위가 아니라, 시간을 거룩하게 만드는 창조적 행위입니다. 기도는 신앙이 언어로, 존재가 숨결로 변하는 순간입니다.

2. 현대 사회와 기도의 위기

그러나 현대 사회에서, 특히 도시화된 자유주의적 환경 속에서 기도는 점점 그 힘을 잃어가고 있습니다. 많은 현대 유대인들, 특히 청년층과 직장인들은 이렇게 말합니다.
"기도의 가치는 알지만, 삶이 너무 분주하다."

"전통적 기도문이 내 감정과 연결되지 않는다."
"기도는 지나치게 형식적이라서 마음이 담기지 않는다."

기도의 위기는 단순히 신앙의 약화만을 의미하지 않습니다. 그것은 존재의 중심을 잃어버린 인간의 위기와도 직결됩니다.

1) 시두르(Siddur)의 복잡성

전통적인 시두르는 아름답지만, 구조가 복잡합니다. 긴 문장과 반복, 다양한 전통적 표현들은 초보자에게는 벽처럼 느껴질 수 있습니다. 기도의 구조를 알지 못하면, 사람들은 쉽게 지치고, 방황하게 됩니다.

2) 감정적 거리감

공식적이고 고전적인 언어는, 현대인의 솔직한 감정과 쉽게 연결되지 않습니다. "하나님, 오늘 저는 너무 지쳤습니다." 같은 단순하고 진심 어린 표현을 찾기 어렵습니다. 그 결과, 많은 이들이 기도와 자신의 삶 사이에 감정적 단절을 경험합니다.

3) 시간 부족

긴 기도 시간은 현대인의 분주한 일상과 충돌합니다. 30분, 1시간씩 집중하여 기도하는 것은, 일과 속에서 쉽지 않은 도전입니다. 기도가 부담이 될 때, 사람들은 기도 자체를 포기하게 됩니다.

4) 형식주의에 대한 반발

어떤 이들은 전통적 틀을 거부하고, 자유로운 기도를 원합니다. 그러나 탈무드는 분명히 말합니다.

"המתפלל צריך שיכוון את לבו"

"기도하는 자는 자신의 마음을 집중시켜야 한다."(탈무드 버라호트 31a)

기도는 형식 그 자체를 부정하는 것이 아니라, 형식 안에서 진정성을 발견하는 여정입니다.

3. 기도의 본질로 돌아가기

기도의 본질은 길이가 아니라, 진심입니다. 기도의 가치는 문장 수가 아니라, 하나님 앞에 서 있는 마음의 상태에 있습니다. 기독교 성경은 말합니다.

"항상 기뻐하라, 쉬지 말고 기도하라."(데살로니가전서 5:16 – 17)

기도는
- 길게 반복하는 것이 아니라,
- 깊이 진심으로 드리는 것입니다.

기도는
- 의무가 아니라, 사랑입니다.
- 습관이 아니라, 만남입니다.
- 형식이 아니라, 존재의 숨결입니다.

시편 한 편, 슈마(Shema) 한 절, 짧은 감사 한 마디라도, 온 마음을 다해 드린다면, 그것은 하나님과 영혼이 맞닿는 거룩한 순간이 됩니다.

4. 기도 회복을 위한 실천 제안

현대인에게 맞는 기도 회복을 위해 우리는 다음과 같은 작은 실천부터 시작할 수 있습니다.

- 하루 3분만이라도 하나님께 마음을 열기
- 짧은 시편(예: 시편 23편, 27편) 한 편을 진심으로 읽기
- 슈마 이스라엘(신명기 6:4) 한 구절을 아침에 선포하기
- 감사 기도 한 문장을 매일 밤 드리기
- 하루 일과 중 짧은 침묵과 묵상 시간을 갖기
- 중요한 결정을 앞두고 "하나님, 제 길을 인도해 주소서"라고 기도하기

기도는
- 거창한 의식에서 시작되지 않습니다.
- 작은 마음의 결단에서 시작됩니다.

5. 기도는 존재를 거룩하게 하는 삶의 숨결이다

기도는 유대 신앙의 중심이자, 인간 존재의 심장입니다.
- 기도는 하나님을 부르고,
- 기도는 하나님 앞에 존재를 열어젖히고,
- 기도는 인간을 하나님의 생명과 다시 연결하는 신성한 행위입니다.
- 기도가 없는 신앙은 텅 빈 껍데기입니다.

• 기도가 있는 신앙은 살아 숨쉬는 생명입니다.

오늘도, 작은 기도 한 마디로 하나님과 만나는 삶이 되기를 소망합니다. 성경은 말합니다.

"주의 인자하심이 아침마다 새로우니, 주의 성실하심이 크시도소이다."(예레미야 애가 3:23)

6. 터필린 : 신앙을 몸에 새기는 언약의 표지

터필린(תפילין)은 유대 신앙을 몸과 시간 속에 기록하는 성스러운 언약의 징표입니다. 그 기원은 신명기의 명령에 있습니다.

"너는 그것을 네 손에 매어 기호를 삼으며, 네 미간에 붙여 표를 삼으라." (신명기 6:8)

터필린은 단순한 외적 장신구가 아닙니다. 그것은 하나님의 말씀을 기억하고, 사고(머리)와 행동(팔)에 새기며, 삶 전체로 신앙을 살아내겠다는 고백입니다.

1) 터필린의 상징적 의미
  • 이마에 매는 터필린은 우리의 생각과 사고가 하나님의 말씀에 복종해야 함을 나타냅니다.
  • 팔에 매는 터필린은 우리의 행동과 실천이 하나님의 뜻에 부합해야 함을

상징합니다.

탈무드 머나호트 43b는 이렇게 강조합니다.

"כל שיש לו תפילין בראשו ובזרועו...לא יחטא"
"머리와 팔에 터필린을 두른 자는 죄에 빠지지 않는다."

이 가르침은 단순히 터필린을 착용하는 것 자체가 무슨 마법적 보호막을 만 드다는 의미가 아닙니다. 하나님의 말씀을 몸에 새기고, 그 말씀을 기억하며 살아가는 삶이 인간을 죄로부터 지켜준다는 깊은 영적 통찰을 말합니다.

2) 현대에 있어서의 오해와 회복

오늘날 일부 현대 유대인들 사이에서는 터필린이 "고대 유물"처럼 여겨지 기도 합니다. 하지만 터필린은 과거의 유물이 아닙니다. 터필린은 지금도 살아 숨쉬는 신앙의 훈련입니다. 터필린을 착용하는 것은 매일 다음과 같이 고백하 는 것입니다.

- 나는 하나님의 말씀을 내 사고 속에 새기겠습니다.
- 나는 하나님의 계명을 내 행동 속에 실천하겠습니다.
- 나는 오늘 하루도 하나님의 임재를 의식하며 살겠습니다.

터필린은 눈에 보이지 않는 신앙을 몸에 기록하고, 삶 전체를 언약의 몸짓 으로 변형시키는 거룩한 행위입 니다.

7. 다시 살아나는 기도: 작지만 깊은 실천

기도와 터필린의 회복은 거대한 제도적 개혁에서 시작되지 않습니다. 오히려 작고 일상적인 실천의 회복에서 시작됩니다.

1) 작은 실천, 큰 변화
아침마다 다음과 같은 5단계 기도 루틴을 추천합니다.

- 1분 묵상 : 눈을 뜨자마자 하나님의 이름을 마음으로 부름.
- 시편 1편 낭독 : "복 있는 사람은…"으로 시작되는 생명의 말씀을 음미함.
- 슈마 선언 : "이스라엘아 들으라, 여호와는 우리 하나님이시요, 오직 여호와 뿐이시니라."(신명기 6:4)
- 1분 감사 기도 : 생명과 하루를 주신 것에 대해 단순하고 깊이 있는 감사.
- 1문장 헌신 : "하나님, 오늘도 당신과 함께 살겠습니다."

이렇게 단 5분만 투자해도, 그날 하루의 리듬이 세상 중심이 아니라 하나님 중심으로 변하게 됩니다.

기도와 터필린은 단발성 이벤트가 아니라, 삶 전체를 재구성하는 영적 습관입니다.

2) 일상의 언약화
- 출근 전에 터필린을 착용하고 한 구절 기도할 때, 우리의 일은 사명이 됩니다.

- 학교 가기 전에 터필린을 착용하고 시편 한 절을 읊을 때, 우리의 학문은 거룩한 탐구가 됩니다.
- 집에서 하루를 시작하며 터필린을 매고 짧은 감사 기도를 드릴 때, 평범한 삶이 예배가 됩니다.

하루를 여는 5분 기도와 터필린의 실천은 인생 전체를 하나님의 언약 안에 새기는 출발점이 될 것입니다.

8. 랍비의 사명 : 기도와 터필린의 길잡이

랍비들은 단지 토라를 가르치는 교사가 아닙니다. 그들은 기도하는 공동체를 이끄는 영적 길잡이이며, 터필린을 삶으로 살아내는 본보기가 되어야 합니다. 탈무드는 가르칩니다.

"לעולם יסדר אדם שבחו של מקום ואחר כך יתפלל"

"항상 하나님을 찬양한 후에 기도하라."(탈무드 버라호트 32a)

1) 기도를 가르치는 랍비

랍비는 사람들에게 기도의 신학만을 가르치는 것이 아니라, 어떻게 실제로 기도하는가를 삶으로 보여주어야 합니다.

- 기도가 무거운 의무가 아니라, 생명의 숨결이 되게 해야 합니다.
- 기도가 무미건조한 낭송이 아니라, 마음을 깨우는 만남이 되게 해야 합니다.

랍비 자신이 먼저 기도로 하루를 열고, 공동체가 함께 짧더라도 진실된 기도로 하루를 시작하도록 이끌어 야 합니다.

2) 터필린을 가르치는 랍비

터필린을 고대의 유물이 아니라, 오늘날에도 살아 있는 언약의 징표로 설명해야 합니다.

- 터필린의 의미와 구조를 가르치고,
- 실제 착용 방법을 친절하게 안내하고,
- 터필린을 통해 생각과 행동을 하나님의 말씀에 일치시키는 삶을 이끌어 야 합니다.

이것은 단지 기도 시간에만 해당되는 것이 아닙니다. 삶 전체를 기도로, 삶 전체를 신앙의 표현으로 변화시키는 사역입니다.

9. 기도와 터필린은 존재를 하나님께 드리는 거룩한 선언이다

기도는 삶의 배경 음악이 아닙니다. 기도는 존재 전체를 하나님 앞에 내어놓는 거룩한 숨결입니다. 터필린은 단순한 가죽 끈이 아닙니다. 터필린은 머리와 팔, 생각과 행동에 새기는 언약의 인장입니다. 성경은 말합니다.

"주의 인자하심이 아침마다 새로우니, 주의 성실하심이 크시도소이다."(예레미야 애가 3:23)

기도와 터필린이 다시 살아나는 곳, 그곳에 신앙은 다시 노래하고, 공동체는 다시 하나님 앞에 서게 될 것 입니다. 작은 기도가 거대한 변화를 일으킬 것입니다. 작은 터필린의 매듭이 큰 신앙의 회복을 시작할 것입니다.

오늘 아침, 기도 한 줄로, 터필린 한 번으로, 다시 하나님과 동행하는 길을 시작합시다.

제17장
안식일 준수

서론 : 안식일, 하나님의 선물

"기억하여 거룩하게 지킬지니라… 여호와께서 엿새 동안에 천지를 만들고 제칠일에 쉬셨으므로, 그날을 복되게 하여 거룩하게 하셨느니라." (출애굽기 20:8, 11)

안식일(שבת, 샤바트)은 유대 신앙에서 가장 깊고도 오래된 보석입니다. 샤바트는 단순한 휴식이나 일시적인 멈춤을 넘어, 시간 그 자체를 거룩하게 만드는 하나님의 선물입니다. 샤바트는 창조의 완성이자, 인간과 하나님의 관계를 새롭게 정립하는 날입니다. 그것은 존재를 위한 쉼이자, 창조에 대한 응답이며, 공동체를 새롭게 세우는 리듬입니다.

그러므로 오늘 우리는 질문해야 합니다.

율법 전체를 엄격히 따르지 않는 현대 유대인들에게도, 샤바트는 여전히 의미가 있을까? 그리고 오늘날 우리는 사람들을 샤바트의 거룩한 삶으로 어떻게 초대할 수 있을까?

1. 율법 전체를 따르지 않더라도, 샤바트는 여전히 살아 있다

현대 유대 사회는 복잡하고 다채롭습니다. 정통파 유대인들뿐만 아니라, 보수파, 개혁파, 재구성주의 유대인, 그리고 단순히 문화적 정체성으로 유대인임을 인식하는 이들까지 다양한 층위가 존재합니다. 많은 이들이 이제 더 이상 토라가 규정한 39가지 노동 금지 규칙(מלאכת)을 세밀히 지키지는 않지만, 샤바트의 정신-쉼과 회복, 가족과 공동체, 하나님과의 내적 만남-은 여전히 마음 깊은 곳에서 살아 있습니다. 탈무드는 선언합니다.

"이스라엘이 샤바트를 지킨 것보다, 샤바트가 이스라엘을 지켰다."(머힐타 더 랍비 이스라엘)

샤바트는 단순한 계율의 목록을 넘어, 민족과 신앙을 지탱해 온 시간의 성소였습니다. 그러므로 오늘 우리는 샤바트를 '금지의 규칙'이 아니라, '삶을 거룩하게 하는 초대'로 다시 회복해야 합니다. 샤바트는 '하지 말라'는 율법이 아니라, '함께 있으라', '기억하라', '찬양하라', '하나님을 맞으라'는 하나님의 초청입니다.

2. 금요일 밤 : 촛불과 식탁, 가장 깊은 만남

전통적으로 유대인의 샤바트는 금요일 해질 무렵, 가정에서 두 개의 촛불을 밝히는 것으로 시작됩니다. 이는 출애굽기 20:8의 '기억하라'와 신명기 5:12의 '지켜라'를 상징합니다. 작은 촛불이지만, 이 빛은 집안을 하나님의 임재로 충만하게 만듭니다. 촛불 아래에서 시작되는 금요일 밤의 식탁은 단순한 식사가 아니라, 하나의 거룩한 제단입니다.

떡(하얀 할라 빵)과 포도주(케데쉬), 가족의 축복과 함께하는 노래와 기도는, 하나님을 가정 안으로 초대하는 신성한 의식입니다. 탈무드는 강조합니다.

"안식일에 노래가 울리는 집에는 하나님의 임재가 머문다."(탈무드 샤바트 119b)

그러나 오늘날의 현대사회는 이 소중한 식탁 예배조차 위협하고 있습니다. 빠르게 돌아가는 도시의 생활, 스마트폰과 디지털 미디어, 바쁜 일정들은 가족이 한 자리에 둘러앉아 교제하는 시간을 앗아가고 있습니다. 그럴수록 샤바트의 촛불은 더욱 깊은 의미를 가집니다.

가족이 모여 얼굴을 마주하고, 식탁을 둘러싼 따뜻한 대화와 축복 속에 하나님이 거하시고, 가정은 작은 성소로 변합니다. 샤바트의 촛불은 단순히 어둠을 밝히는 빛이 아닙니다. 그것은 사랑을 비추는 빛, 신앙을 회복시키는 빛, 그리고 세상을 창조하신 하나님을 향한 응답의 빛입니다.

3. 회당과 가정의 조화 : 중심은 가정이다

현대의 많은 회당들은 금요일 밤 샤바트 예배를 위해 찬란한 음악, 세련된 설교, 엄숙한 의식을 준비합니다. 그러나 아무리 아름다운 공적 예배를 준비한다 할지라도, 가정 안에서의 샤바트 식사와 축복이 약화된다면, 샤바트의 참된 영성과 깊이는 온전히 살아날 수 없습니다. 탈무드는 가르칩니다.

"학문 공동체는 가정 없이는 존재할 수 없다."(탈무드 버라호트 27b)

- 가정은 신앙의 가장 근본적인 공간입니다.
- 가정은 작은 성전이며, 식탁은 제단이고,
- 가족은 하나님을 향한 제사장입니다.
- 촛불을 밝히는 어머니,
- 축복을 선포하는 아버지,
- 노래하는 아이들—이들은 모두 하나님 앞에 예배하는 공동체입니다.

회당은 가정을 대신하는 곳이 아닙니다. 오히려 가정의 샤바트를 지원하고 격려하는 사역을 감당해야 합니다. 랍비들과 지도자들은 설교와 교육을 통해, 모든 가족이 샤바트의 촛불을 밝히고, 함께 식탁에 둘러 앉아, 하나님께 감사와 찬양을 드리도록 초대해야 합니다. 공적 예배는 가정 예배를 대체하는 것이 아니라, 가정에서 시작된 신앙의 불꽃을 공동체 안에서 함께 높이는 축제여야 합니다.

4. 샤바트 : 시간 속에 세워진 성소

유대 역사는 우리에게 강력한 진리를 가르쳐 줍니다. 성전이 파괴되었지만 유대인은 살아남았습니다. 왜일까요? 유대인은 공간에만 의존하는 신앙이 아니라, 시간을 거룩하게 만드는 신앙을 가졌기 때문입니다. 아브라함 조슈아 헤

셀(A. J. Heschel)은 이렇게 말했습니다.

"샤바트는 시간 속에 지어진 성소다."

창세기의 말씀도 이를 뒷받침합니다.

"하나님은 그날을 복되게 하시고 거룩하게 하셨다."(창세기 2:3)

샤바트는 단순한 멈춤이 아닙니다. 그것은 하나님의 창조 완성에 동참하는 날입니다. 하나님께서 창조를 멈추시고 세상을 바라보시며 '좋았다'고 하신 것처럼, 인간도 모든 수고를 멈추고 자신의 삶을 바라보며 '좋다'고 말해야 합니다. 탈무드는 이렇게 가르칩니다.

"샤바트를 온전히 지키는 자는 모든 죄를 사함받는다."(탈무드 샤바트 118b)

이는 단순히 율법적 공로를 의미하는 것이 아닙니다. 샤바트를 지킨다는 것은 곧 하나님과의 관계를 회복하는 것이며, 존재의 중심을 다시 하나님께 고정하는 행위입니다. 샤바트는 시간을 거룩하게 만듦으로써 공간을 초월하고, 인간을 하나님의 창조 리듬 속에 다시 초대하는 은혜의 날입니다.

5. 현대의 외로움과 샤바트의 치유

오늘날 세상은 빠르게 움직입니다. 끊임없는 경쟁, 끝없는 연결, 디지털 중독, 비교와 소외 속에서 인간은 점점 더 깊은 외로움과 고립 속에 빠져들고 있습니다. 샤바트는 이런 세상 속에서 들려오는 하나님의 따뜻한 초대입니다. 샤바트는 말합니다.

"너는 멈춰도 괜찮다."
"너는 존재 자체로 존귀하다."
"너는 하나님의 형상대로 지음받은 소중한 존재이다."
"너는 사랑받고 있으며, 공동체 안에 속해 있다."

샤바트는 인간에게 '성과'가 아닌 '존재'로서의 가치를 상기시켜 줍니다. 끊임없이 무엇인가를 이루어야만 한다는 강박에서 벗어나, 단순히 하나님의 자녀로서 존재하는 것 자체가 축복임을 알려 줍니다. 금요일 밤, 촛불을 밝히고, 식탁을 차리고, 가족과 함께 손을 잡고 축복을 나누는 그 순간—인간은 다시 자신의 본래 자리로 돌아옵니다.

하나님의 품 안에서, 공동체의 사랑 속에서, 삶의 중심을 되찾습니다. 샤바트는 피곤하고 상처 입은 현대인에게 주어지는 하나님의 치유입니다. 이 날을 통해 인간은 다시금 인간다움을 회복하며, 하나님의 창조를 기뻐하는 존재로 회복될 수 있습니다.

6. 샤바트 실천을 위한 실제적인 제안

현대 유대인의 삶은 과거 어느 때보다 복잡하고 빠르게 변화하고 있습니다. 모든 전통적 규율을 완전하게 지키는 것이 어렵게 느껴질 수 있습니다. 그러나 중요한 것은 완전한 준수가 아니라, 하나님을 향한 작고 진실된 응답을 시작하는 것입니다.

샤바트는 완벽함을 요구하지 않습니다.
샤바트는 우리 각자의 자리에서, 가능한 한 걸음부터 걸어오기를 초대합니다.

예를 들면 다음과 같은 실천들이 가능합니다.
- 금요일 해질 무렵 두 개의 촛불을 밝히기 : '기억하라'(זכר)와 '지켜라'(שמר)를 상징하며, 하나님의 창조와 쉼을 기념합니다.
- 가족 혹은 친구와 함께 식탁에서 축복하기 : 키두쉬(성별 기도)와 하모찌(빵에 대한 축복)를 통해 공동체적 사랑을 확인합니다.
- 휴대폰과 인터넷을 끄고 '하나님과 인간을 위한 시간' 만들기 : 세속적 소음에서 벗어나 영혼을 고요히 하나님께 집중하는 시간을 마련합니다.
- 시편 92편(שיר ליום השבת)을 읽기: 샤바트를 위한 고대의 찬양시를 통해 마음을 하나님께 드립니다.
- 자연 속을 거닐며 하나님의 창조를 묵상하기 : 들꽃, 바람, 하늘을 바라보며 하나님의 선하심을 느낍니다.
- 최소한 하루에 한 번, 감사와 찬양의 기도를 드리기 : 순간순간을 소중히 여기며, 하나님께 마음을 여는 연습을 합니다.

이러한 작은 실천들이 하나하나 모일 때, 우리의 삶은 점차 하나님의 숨결로 채워지게 됩니다. 샤바트는 율법을 지키는 부담이 아니라, 삶을 하나님의 선물로 되돌리는 축복입니다. 성경은 말합니다.

"너희는 너희 하나님 여호와의 명령을 지켜라. 이것이 너희 생명이다."(신명기 32:46 – 47)

샤바트를 지키는 한 걸음은, 하나님께 드리는 사랑의 응답이 되며, 하나님은 그 작은 응답조차 기쁘게 받아 주십니다.

7. 샤바트, 살아 있는 언약의 증표

어떤 이들은 샤바트를 먼 과거의 의식, 사라진 민족의 유산으로 생각할지 모릅니다. 그러나 진실은 그 반대입니다. 샤바트는 살아 있습니다. 샤바트는 지금도 우리를 부르고 있습니다. 성경은 분명히 말합니다.

"너는 안식일을 기억하여 거룩하게 지키라."(출애굽기 20:8)

이 명령은 단순한 과거의 법전이 아닙니다. 이것은 오늘 우리 각자에게 주어진 하나님의 살아 있는 초대장입니다. 샤바트는 우리에게 말합니다.

- 멈추어라 : 일과 걱정, 세속의 소음 속에서 벗어나라.
- 기억하라 : 네가 누구인지, 어디서 왔으며, 누구에게 속해 있는지를 기억하라.

- 찬양하라 : 하나님의 선하심과 창조의 아름다움을 노래하라.
- 사랑하라 : 가족과 친구, 이웃을 따뜻하게 품어라.

샤바트는 단순한 휴식이 아닙니다.
샤바트는 인간 존재의 깊이를 다시 발견하게 하는 시간입니다.
샤바트는 하나님의 창조에 동참하는 거룩한 예식입니다.
우리가 사는 현대 사회에서도 샤바트는 조용히 속삭입니다.

"멈추어라. 그리고 나를 기억하라. 나는 너를 창조한 하나님이다."

샤바트는 어제의 전통이 아니라, 오늘 우리 삶의 숨결입니다. 샤바트는 아직 끝나지 않은 하나님의 사랑의 언약입니다. 그리하여 매주 금요일 저녁 촛불을 밝힐 때마다, 우리는 그 빛 속에서 하나님과 얼굴을 마주하게 됩니다. 샤바트는 과거와 현재를 연결하며, 미래를 향해 걸어가게 하는 살아 있는 다리입니다. 샤바트는 영원히 하나님의 백성 안에 살아 있을 것입니다.

제18장
예배

1. 예배 참여의 본질과 오늘날의 도전

유대인들이 안식일 아침 시나고그(회당) 예배에 참여할지 여부는, 단순히 외부적 환경이나 사회적 요인에 의존하지 않습니다. 진정한 동인은, 바로 그 예배가 내면 깊은 곳에서 감동을 일으키는가, 하나님과 진정한 만남을 이루는가에 달려 있습니다. 기독교 성경 요한복음은 말합니다.

"하나님은 영이시니 예배하는 자는 영과 진리로 예배할지니라."(요한복음 4:24)

현대 사회의 일상은 예배 참여를 어렵게 만드는 다양한 요소들로 가득합니다. 박물관의 전시회, 야외 활동, 쇼핑, 여행 계획 등이 안식일 아침을 분주하게 만듭니다. 이러한 여러 문화적, 경제적 유혹은 시나고그를 사람들의 우선순위에서 밀어내는 경향을 초래합니다. 그러나 기독교 성경은 분명히 가르칩니다.

"너희는 먼저 그의 나라와 그의 의를 구하라. 그리하면 이 모든 것을 너희에게 더하시리라."(마태복음 6:33)

설령 최고의 칸토르가 감동적인 찬양을 부르고, 랍비가 유려한 설교를 전하며, 웅장한 건물이 마련된다 해도, 예배의 핵심이 흐려진다면 사람들의 마음은 끌리지 않을 것입니다.

"사람이 외모를 보거니와 여호와는 중심을 보시느니라."(사무엘상 16:7)

오늘날 우리가 진정 고민해야 할 것은 외적 조건이 아니라, 예배의 내적 진정성과 깊이입니다.

2. 시나고그의 본질 : 수에 연연하지 말고, 본질에 충실하라

시나고그는 결코 관객을 끌어모으는 극장이나 수익을 추구하는 사업체가 아닙니다. 시나고그는 하나님의 이름을 부르는 기도의 집, 언약 공동체의 영적 심장입니다. 성경은 말합니다.

"주의 집에 거하는 자들은 복이 있나이다."(시편 84:4)

시대와 유행을 쫓아 외형을 치장하고, 숫자 경쟁에 집착하는 것은 회당의 존엄성을 스스로 깎아내리는 일입니다. 본질은, 얼마나 많은 사람이 모였느냐가 아니라, 얼마나 진정으로 하나님께 나아가는가입니다. 성경을 읽어보세요.

"여호와께서 주의 이름을 경외하는 자를 구별하여 자기를 위하여 두셨음이로다."(시편 4:3)

따라서 시나고그가 중심에 두어야 할 것은 단 하나—기도와 예배의 질입니다. 진실한 마음으로 드리는 기도와, 이성과 영혼을 울리는 예배가 있는 곳에, 하나님의 임재가 머무실 것입니다. 성경과 탈무드는 말합니다.

"그들이 내 집을 기도하는 집이라 일컬음이 되리라."(이사야 56:7)

"사람은 오직 경건한 마음에서 기도해야 한다."(탈무드 버라호트 31a)

3. 예배의 이중 목표 : 감성과 이성을 동시에 채워야 한다

진정한 예배는 전통적 유대 정신을 간직하면서도, 현대인의 감성과 이성에 모두 호소할 수 있어야 합니다. 예배는 단순한 의무가 아니라, 예술과 진리, 감동과 통찰이 어우러진 살아 있는 체험이어야 합니다.

- 감정의 필요를 채워주어, 심령을 위로하고 고양하며, 하나님을 향한 찬양을 자발적으로 이끌어내야 합니다.
- 이성의 요구에도 부응하여, 신앙의 의미를 깊이 생각하게 하고, 삶의 방향성을 비추어 주어야 합니다.

기독교 성경과 미쉬나를 읽어보시면 이런 말씀이 있습니다.

"복음은 우리를 향한 나팔 소리요, 생명에 이르는 향기라."(고린도후서 2:14-16)

"항상 우리를 그리스도 안에서 이기게 하시고 우리로 말미암아 각처에서 그리스도를 아는 냄새를 나타내시는 하나님께 감사하노라."(고린도후서 2:14)

"우리는 구원 받는 자들에게나 망하는 자들에게나 하나님 앞에서 그리스도의 향기니."(고린도후서 2:15)

"이 사람에게는 사망으로부터 사망에 이르는 냄새요 저 사람에게는 생명으로부터 생명에 이르는 냄새라 누가 이 일을 감당하리요."(고린도후서 2:16)

미쉬나는 세상이 무엇으로 지탱되는지를 이렇게 말합니다.

"세상은 세 가지로 유지된다. 토라, 예배, 인애."(미쉬나 아보트 1:2)

이처럼, 예배는 삶을 견고히 지탱하는 기둥이며, 하나님과 공동체를 잇는 생명의 줄입니다.

4. 예배 구조 개선을 위한 첫 번째 제안 : 좌석 배치 문제

현대 회당은 개신교 예배당이나 극장의 영향을 받아, 좌석을 일렬로 배치하는 경우가 많습니다. 이로 인해 예배자는 앞 사람의 뒷모습만 바라보게 되며, 서로 간의 교감과 공동체 의식이 약화됩니다. 성경은 말합니다.

"보라, 형제가 연합하여 동거함이 어찌 그리 선하고 아름다운고."(시편

133:1)

이를 극복하기 위해 우리는 좌석 배치의 근본적 재구성을 고려해야 합니다.
- 원형 배열 : 회중이 서로의 얼굴을 볼 수 있게 하여, 함께 하나님 앞에 선 공동체임을 체감할 수 있습니다.
- 중앙 비마(Bimah) 배치 : 회당 중앙에 토라 낭독대(비마)를 두어, 모든 사람이 토라를 중심으로 모였음을 상징하게 합니다.

탈무드는 공동체 기도의 힘을 강조합니다.

"열 명이 함께 기도하면 하나님의 임재가 그들 가운데 있다."(탈무드 버라호트 6a)

따라서 예배는 무대와 관객이 나뉜 형태가 아니라, 모두가 하나 되어 하나님께 나아가는 성스러운 모임이 되어야 합니다.

5. 기도자의 외양과 복장 : 존귀함과 품격을 회복하라

현대의 회중은 예배에 참여할 때 지나치게 평상복 차림을 허용하는 경우가 많습니다. 운동복, 청바지, 심지어는 야외복 차림으로 드리는 예배는 안식일의 거룩함과 경건함을 약화시킵니다. 이는 하나님께 드리는 시간을 일상의 연장선상으로 여기게 하여, 샤바트의 특별성과 구별성을 흐리게 만듭니다. 성경을 읽어 보시면 좋겠습니다.

"주의 옷의 향기가 모든 궁중에서 풍기며…"(시편 45:8)

탈무드 또한 명확히 가르칩니다.

"안식일에는 다른 날과 다른 옷을 입어 그 날을 존귀하게 하라." (탈무드 샤바트 113b)

예배를 위한 복장은 단순한 외적 장식이 아니라, 하나님 앞에 나아가는 태도와 마음을 나타내는 상징입니다. 특별한 날에는 특별한 복장을 갖추듯, 샤바트와 예배는 외양을 통해 마음가짐을 새롭게 해야 합니다.

또한 랍비나 칸토르들이 착용하는 예복 역시 중요합니다. 무채색의 무거운 로브는 종종 장중함을 의도하지만, 때로는 무거움과 거리감을 초래할 수 있습니다. 반면에, 장식된 탈릿(tallit), 빛깔 있고 품위 있는 예복은 안식일의 기쁨과 축제 분위기를 시각적으로 표현할 수 있습니다.

- 영국 성공회 전통처럼, 색깔과 문양이 조화된 예복은 예배의 아름다움을 높일 수 있습니다.
- 너무 화려하거나 과장된 복장은 피하되, 품위와 상징성이 어우러진 복장을 준비해야 합니다.

랍비는 단순한 예식 진행자가 아니라, 하나님과 회중 사이를 잇는 교사이자 영적 인도자입니다. 그러므로 복장도 기도와 말씀처럼 거룩하고 존귀해야 합니다.

6. 성가대의 위치와 역할 : 찬양으로 공동체를 하나로 이끌라

회당의 전통적 구조에서는 성가대가 회중석 뒤편 높은 곳(로프트)에 배치되어 있었습니다. 이는 소리의 확산에는 도움이 되었지만, 공동체성의 체험을 약화시키는 부작용을 낳았습니다. 성가대가 보이지 않는 곳에서 노래할 때, 회중은 종종 '구경꾼'이 되거나, 공연을 듣는 관객처럼 느끼게 됩니다. 그러나 성경과 탈무드는 찬양이 예배의 중심이어야 함을 강조합니다.

"새 노래로 여호와께 노래하라. 온 땅이여 여호와께 노래할지어다." (시편 96:1)

"성소에서의 노래는 마음의 기도를 들어 올리는 것이다." (탈무드 아라힌 11a)

성가대는 회중의 한 가운데 있어야 합니다. 그들은 회중을 대표하여 찬양하고, 동시에 회중을 찬송으로 이끄는 역할을 해야 합니다.

- 성가대의 노래는 하나님께 드리는 공동체 전체의 기도이어야 합니다.
- 찬송은 회중이 직접 참여하고, 함께 목소리를 높이는 살아 있는 신앙 고백이 되어야 합니다.
- 마지막 찬양은 단순한 음악적 결말이 아니라, 공동체 전체의 믿음과 사랑이 하나님께 드려지는 거룩한 향연이어야 합니다.

찬양은 마음을 열고, 감정을 정화하며, 하나님의 임재를 느끼게 합니다. 그러므로 성가대는 보조적 장식이 아니라, 예배의 심장 역할을 담당해야 합니다.

7. 회중의 직접 참여 : 하나님과의 살아 있는 만남

오늘날 많은 예배는 집례자 중심, 성가대 중심으로 진행되어, 회중은 단지 듣기만 하는 관객처럼 되어버리는 경우가 많습니다. 그러나 진정한 예배란 무엇입니까? 진정한 예배는 회중 모두가 직접 하나님께 마음을 열고, 기도하고 응답하는 참여적 행위입니다. 기독교 성경을 읽어보시면 이런 말씀이 있습니다.

"내가 진실로 너희에게 이르노니, 두 사람이나 세 사람이 내 이름으로 모인 곳에는 나도 그들 중에 있느니라." (마태복음 18:20)

회중이 무의미하게 영어 문장을 기계적으로 낭송하거나, 감정 없이 단순히 따라 읽기만 한다면, 그것은 예배가 아니라, 하나의 공연에 불과합니다. 참된 '회중 참여'란 단순한 낭독이 아니라, 마음에서 우러나오는 영적 반응이어야 합니다.

탈무드 버라호트 6b는 이렇게 가르칩니다.

"하나님은 회중의 기도를 기뻐하신다."

하나님께서 기뻐하시는 것은 겉모습이 아니라, 회중 전체가 한 마음으로 올리는 정성 어린 기도입니다. 회중 참여를 촉진하기 위해 필요한 것은 다음과 같습니다.

• 기도문을 단순화하고, 그 의미를 친절하게 해석해주는 것.

- 회중이 함께 노래할 수 있는 찬송과 응답문을 준비하는 것.
- 랍비나 예배 인도자가 회중과 '대화'하듯 진행하는 것.
- 회중이 직접 감사, 고백, 간구를 드릴 수 있는 시간을 마련하는 것.

예배는 교향곡처럼 구성되어야 합니다. 주제와 리듬이 있고, 감정의 고조와 침묵의 대비가 있어야 하며, 매 예배마다 새로운 생명력과 신선함이 깃들어야 합니다. 전통적인 하자누트(Chazanut)의 고전성과 현대적 창작 찬송이 어우러지고, 엄숙한 기도와 기쁨의 찬양이 균형을 이루어야 합니다. 이때 예배는 단순한 반복이 아니라, 하나님과의 살아 있는 만남이 됩니다.

8. 예배는 하나님과의 거룩한 만남이어야 한다

이 장에서 강조하고자 한 것은 단순한 방법론이 아니라, 영혼을 울리는 간절한 요청입니다. 예배는 단순히 참석하는 것, 관객처럼 앉아 있는 것이 아니라, 기쁨과 경외심을 가지고 하나님 앞에 나아가는 거룩한 시간이어야 합니다. 성경은 이렇게 예배하라 말합니다.

"내가 주의 집에 나아가, 주를 경외함으로 성전을 향하여 예배하리이다."(시편 5:7)

회중과 예배 인도자가 함께 하나 되어

- 생명을 노래하고,

- 안식일의 기쁨을 청각과 시각, 감정으로 함께 누리며,
- 하나님께 진심으로 응답하는 시간이 되어야 합니다.

예배는 단순한 의무가 아닙니다. 예배는 하나님과 인간이 서로를 향해 다가오는 거룩한 만남입니다. 성경은 가르칩니다.

"너는 마음을 다하고 뜻을 다하여 여호와를 사랑하라."(신명기 6:5)

이 사랑으로, 이 경외심으로, 이 생명의 기쁨으로, 우리 모두는 하나님 앞에 나아가야 합니다. 그때 비로소, 예배는 우리의 삶 속에서 다시 살아나게 될 것입니다. 그리고 회당은 단순한 건물이 아니라, 하나님과 인간이 만나는 생명의 집이 될 것입니다.

제19장
기도

Ⅰ. 기도란

1. 기도의 현실과 문제 인식

보수파와 개혁파 시나고그(회당)에서 드려지는 예배는, 감사의 표현과 찬양의 시, 간구와 성경 말씀, 축복과 고백이 서로 얽혀 구성되어 있습니다. 이러한 기도문은 기본적으로 예배자가 히브리어 단어의 뜻을 알지 못하더라도, 영어 번역을 통해 의미를 이해하고 있다는 전제 위에 이루어집니다.

그러나 실제로는 많은 예배자들이 기도문 속의 언어적, 신학적 의미를 충분히 인식하지 못하는 경우가 많습니다. 그들이 드리는 기도는 때때로 정성스럽고 진지하지만, 기도문의 급격한 전환-간구에서 시편, 다시 축복과 고백으로 이어지는 흐름-은 감정과 사고의 일관성을 깨뜨리고, 예배를 무질서하게 느끼게 만들기도 합니다. 기독교 성경을 읽어 보면 이런 말씀이 있습니다.

"너희는 기도할 때 이방인들처럼 중언부언하지 말라. 그들은 말을 많이 해야 들으실 줄 생각하느니라."(마태복음 6:7)

탈무드 역시 기도의 질서와 명료함을 강조합니다:

"사람이 기도할 때에는 말의 질서를 갖추어야 하며, 무지로 인한 혼란은 기도에 방해가 된다."(탈무드 버라호트 6b)

기도자는 자신이 입으로 드리는 말의 의미를 명확히 알고 있어야 합니다. 의미를 모르는 기도는 흐릿한 메아리와 같으며, 영혼 깊은 곳에서 하나님께 드리는 고백으로 이어지지 못합니다. 따라서 기도문 구성에 있어서도 깊은 반성과 정돈이 필요합니다. 성경은 이렇게 말합니다.

"내 입의 말과 내 마음의 묵상이 주께 열납되기를 원하나이다."(시편 19:14)

2. 새로운 기도 구조의 제안

보수파와 개혁파의 예배는 보다 명확한 주제별 구성을 통해, 신자들이 기도의 의미를 더 쉽게 체득할 수 있도록 재구성되어야 합니다. 이에 따라 제안할 수 있는 기본적 기도 구성은 다음과 같습니다.

- 첫째 단락 : 감사의 기도.
- 둘째 단락 : 헌신의 기도.
- 셋째 단락 : 전통적 · 역사적 기도.
- 넷째 단락 : 설교 혹은 교훈의 시간.

이러한 구획은 예배자들이 현재 자신이 어떤 성격의 기도에 참여하고 있는지를 의식하게 하며, 마음을 따라 집중하도록 도와줄 것입니다. 이때 각 단락은 명료한 전환을 통해 구분되어야 하며, 예배 인도자는 부드럽게 흐름을 안내하여 회중이 기도에 깊이 몰입하도록 도와야 합니다.

"주의 도는 완전하고, 여호와의 말씀은 정직하여 무지한 자를 지혜롭게 하시도다."(시편 19:7)

3. 기도의 첫 번째 단락 : 감사의 기도

모든 예배는 하나님께 드리는 감사로 시작되어야 합니다. 삶을 주신 것, 오늘을 허락하신 것, 그리고 우리가 여전히 숨 쉬며 존재할 수 있다는 단순하지만 위대한 은혜에 대한 고백입니다. 기독교 성경에서 귀한 가르침을 배울 수 있습니다.

"범사에 감사하라. 이는 그리스도 예수 안에서 너희를 향하신 하나님의 뜻이니라."(데살로니가전서 5:18)

감사는 기도의 출발점이며, 기도자의 영혼을 하나님께 열어주는 문과 같습니다. 이는 단순한 감사의 나열이 아니라, 존재 전체로 드리는 찬양이어야 합니다.

4. 기도의 두 번째 단락 : 헌신의 기도

다음으로, 헌신의 기도가 이어져야 합니다. 하나님께 대한 사랑, 그분의 뜻을 따르려는 결단, 그리고 삶 속에서 거룩함을 추구하려는 의지를 고백하는 시간이 필요합니다. 성경은 말합니다.

"네 마음을 다하고 뜻을 다하고 힘을 다하여 네 하나님 여호와를 사랑하라."(신명기 6:5)

이 헌신의 고백은 매주 새롭게 새겨져야 하며, 일상의 삶으로 이어지는 실제적 다짐이 되어야 합니다.

5. 기도의 세 번째 단락 : 전통적·역사적 기도

전통적 기도들은 유대인 공동체의 영혼을 이어주는 살아 있는 다리입니다. 성전 시대를 기억하는 기도, 계절에 따라 드리는 이슬과 비를 위한 기도, 죽은 자의 부활에 대한 기대를 담은 기도 등은, 설사 현대적 감각으로는 문자 그대로 수용하기 어렵더라도, 신앙의 유산을 지키는 고백으로서 중요성을 지닙니다. 성경과 탈무드는 가르쳐 줍니다.

"주의 말씀은 세세토록 있도다."(이사야 40:8)

탈무드 또한 말합니다.
"이스라엘은 조상들의 기도를 반복함으로써 그들과 연결되며, 이는 과거의 뿌리에 물을 주는 것과 같다."(탈무드 버라호트 26b)

예배자는 이 기도들을 문자적으로 해석하려 하지 말고, 신앙의 역사성과 연대감을 마음에 새기며 낭송해야 합니다. 히브리어로 원문을 보존하고, 원래의 운율과 음조를 유지하는 것도 그러한 이유에서 중요합니다. 탈무드는 우리에게 가르쳐줍니다.

"기도는 모든 세대의 소리를 하나로 모으는 하늘의 음악이다."(탈무드 버라호트 29b)

6. 기도의 네 번째 단락 : 설교 또는 교훈의 시간

예배의 마지막 구획은 하나님의 말씀을 듣고 되새기는 시간입니다. 이 설교 또는 교훈의 시간은 기도와 찬송의 절정에 이어, 하나님께서 우리에게 말씀하시고 우리가 그 부르심에 응답하는 시간을 마련합니다. 성경은 말합니다.

"주의 말씀은 내 발에 등이요, 내 길에 빛이니이다."(시편 119:105)

여기서 설교는 단순한 연설이 아니라, 하나님의 말씀이 오늘 우리의 삶에 어떻게 구체적으로 적용되는지를 조명하는 '영적 길잡이'가 되어야 합니다.

7. 기도는 생명이다

기도는 유대 신앙의 심장입니다. 그것은 단순한 관습이나 의례가 아니라, 하나님과의 대화이며, 공동체의 영적 생명줄입니다. 기도문을 명료하게 구성하고, 각 단락의 의미를 회중이 명확히 알 수 있게 돕는 일은, 단순한 편의성의 문제가 아니라, 영혼의 깊이를 회복하는 중대한 과제입니다. 성경은 이렇게 가르칩니다.

"주의 이름을 부르는 자는 구원을 얻으리라."(요엘 2:32)

기도는 단어의 집합이 아니라, 살아 있는 고백이어야 합니다. 우리가 함께 드리는 기도는, 과거와 현재, 미래를 잇는 거룩한 사슬이며, 하나님께 향하는 인류 전체의 노래입니다.

Ⅱ. 감사의 기도

1. 감사의 기도 : 시대를 위한 응답

오늘날 우리가 살아가는 시대는 외로움과 개인적 좌절이 만연한 시대입니다. 과학과 기술이 놀라운 발전을 이루었지만, 인간의 내면은 오히려 더욱 고독해지고 있습니다. 이러한 시대적 현실 속에서 기도, 특히 감사의 기도는 단순한 의례를 넘어 삶을 다시 바라보게 하고, 현실을 있는 그대로 인식하는 데 도움을 줄 수 있는 귀중한 영적 수단이 됩니다. 여기서 오해해서는 안됩니다.

기도가 심리치료의 도구로 전락해서는 안 됩니다. 기도는 언제나 하나님을 향한 고백이자 예배이며, 단순히 자신의 감정을 치유하기 위한 수단이 아니라, 존재 전체로 하나님을 바라보고 응답하는 거룩한 행위입니다. 그러나 사실 많은 이들이 외로움과 무력감에 시달리고 있으며, 자기 고통에 사로잡혀 세상의 더 넓은 차원을 바라보지 못하는 경우가 많습니다. 이런 때에 감사의 기도는 인간을 자기 연민의 울타리 밖으로 불러냅니다.

삶이 슬픔과 고난으로만 가득차 있지 않고, 풍요, 만족, 성취로도 충만하다는 사실을 일깨워줍니다. 탈무드를 읽어보세요.

"하루에 백 번 축복하라 하신 것은, 하나님의 은총을 잊지 않게 하기 위함이다."(탈무드 머나호트 43b)

2. 감사는 인생을 풍요롭게 하는 나침반

감사의 기도는 시편의 찬양처럼, 삶에 담긴 선물과 은총을 인식하고 그에 대한 찬사를 드리는 인간의 숭고한 표현입니다. 그것은 인생에서 무엇이 진정 가치 있는지를 분별하려는 시도이며, 우리 존재의 방향을 가늠하게 하는 영적 나침반입니다.

오늘날 정치에 대한 불신이 팽배하고, 사랑마저 계산적인 거래로 여겨지는 시대에, 감사의 기도는 인간이 무엇을 추구해야 하는지를 정결하게 비춰주는 빛이 됩니다. 그것은 허위와 조롱으로 가득찬 세상 속에서 순수한 기쁨과 참된 신뢰를 되살려주는 숨결입니다. 성경은 말합니다.

"내 영혼아, 여호와를 송축하며, 그 모든 은택을 잊지 말지어다."(시편 103:2)

셰익스피어가 이런 말을 했답니다.

"식욕은 먹음으로 길러진다."

마찬가지로, 감사의 표현 역시 우리 마음 안에 감사의 감각을 자라게 합니다. 감사를 드릴 때, 우리는 더 많이 보고, 더 깊이 사랑하게 되며, 더 섬세하게 세상의 아름다움을 인식하게 됩니다. 그 때 감사를 크게 외칠 수 있습니다. 그래서 탈무드는 말합니다.

"감사는 모든 미덕의 어머니이며, 감사를 아는 자는 결코 빈손으로 떠나지 않는다."(탈무드 버라호트 7b)

3. 감사의 기도의 세 가지 영적 열매

감사의 기도는 세 가지 중요한 영적 열매를 맺게 합니다.

1) 자발적인 감사의 표현
우리는 종종 은혜를 받으면서도 그 은혜를 당연하게 여깁니다. 감사의 기도는 받은 축복을 자각하게 하고, 그 은혜를 자발적으로 하나님께 올려 드리게 합니다.

2) 일상의 순간에 의미 부여
유대 전통에서는 일상 속 작은 순간마다 축복을 드립니다. 아침에 눈을 뜰 때, 새로운 과일을 먹을 때, 좋은 소식을 들을 때마다 감사를 표현합니다. 이러한 자주적 감사는 우리로 하여금 삶의 모든 순간에 의미를 부여하게 합니다.

3) 삶의 감각을 풍요롭게 함
감사의 습관은 단지 외적 행동의 문제가 아니라, 삶을 더 깊이 보고 더 풍성히 누리는 내적 감각을 키우는 것입니다. 감사하는 사람은 더 많은 아름다움을 발견하며, 자신의 삶을 하나님 앞에 활짝 열어 보이는 사람입니다. 성경은 가르쳐 줍니다.

"주의 인자하심이 아침마다 새로우니, 주의 성실하심이 크시도소이다."(예레미야 애가 3:23)

4. 감사의 기도를 위한 실제적 방안

오늘날 유대인의 종교 예식이 현대어로 된 아름다운 시적 기도문을 통해 사람들에게 하나님께 감사를 드릴 수 있게 한다면, 회당은 이 시대의 도덕적 건강을 회복하는 데 크게 기여할 수 있을 것입니다. 이를 위해 다음과 같은 방안을 제시할 수 있습니다.

- 피유팀(פיוטים) : 고대 시편 스타일을 계승한 현대적 찬양시를 재창조하여, 공동체가 함께 부를 수 있도록 한다.
- 창작 찬양 : 랍비와 예술가들이 협력하여, 새로운 찬양과 응답 기도를 창작하게 한다.
- 감사의 주간 주제 : 매주 다른 주제(자연, 가족, 국가, 공동체, 구원 등)를 중심으로 감사를 표현하게 한다.

성경은 가르쳐 줍니다.

"새 노래로 여호와께 노래하라. 온 땅이여 여호와께 노래할지어다."(시편 96:1)

탈무드 또한 가르쳐 줍니다.

"찬양은 영혼의 날개이며, 감사는 그것을 하늘로 들어올리는 바람이다."(탈무드 아라힌 11a)

5. 결론 : 감사로 세상을 다시 보다

감사는 단순한 예의가 아닙니다. 그것은 인간 존재의 근원적 태도이며, 하나님과의 관계, 세상과의 관계, 자기 자신과의 관계를 새롭게 하는 영적 문입니다. 감사의 기도는 삶을 더욱 넓게, 깊게, 그리고 부드럽게 만듭니다. 불평이 아니라 찬양으로, 비관이 아니라 소망으로, 우리는 세상을 다시 바라볼 수 있습니다.

기독교 성경을 읽어 보면 귀한 가르침을 배울 수 있습니다.

"범사에 감사하라. 이는 너희를 향하신 하나님의 뜻이니라."(데살로니가전서 5:18)

감사는 이 시대를 치유하는 하늘의 처방전이며, 기도는 그 약을 복용하는 신앙인의 거룩한 습관입니다.

Ⅲ. 헌신의 기도

1. 유대 신앙은 단순한 낙관주의가 아니다

유대교는 결코 폴리아나(Poyanna)적 신앙, 즉 모든 것을 무조건 좋게 여기는 순진한 낙관주의를 신봉하지 않습니다. 또한 "나는 괜찮아"를 반복함으로 병을 고칠 수 있다고 가르쳤던 쿠에(Émile Coué) 박사의 자기암시 기법처럼, 현실을 외면하는 심리적 위안을 신앙의 본질로 삼지도 않습니다. 욥의 절규, 예레미야의 탄식, 그리고 시편 기자의 애통은 우리에게 분명히 가르칩니다. 유대 신앙은 삶의 고통과 결함, 불완전성을 있는 그대로 인식합니다.

하나님의 창조 안에는 기쁨과 축복만이 아니라 고난과 연단도 함께 담겨 있습니다. 탈무드는 이렇게 말합니다.

"하나님은 의인을 고난으로 정련하시니, 이는 금을 풀무불 속에 넣어 순수하게 만드는 것과 같도다."(탈무드 버라호트 5a)

따라서 신앙은 현실을 부정하는 것이 아니라, 고통 속에서도 의미를 찾고, 결함 속에서도 거룩한 목적을 붙들며, 넘어짐 속에서도 다시 일어서는 결단을 요구합니다. 믿음은 고통을 지우는 것이 아니라, 고통을 넘어서는 힘을 주는 것입니다. 성경은 말합니다.

"주는 마음이 상한 자를 고치시며, 그들의 상처를 싸매시는도다."(시편 147:3)

2. 기도는 하나님께서 주신 사명을 위한 헌신이다

역사 속에서 유대인의 기도는 종종 생존을 위한 간구였습니다. 조상들은 원수의 칼을 피하고, 가난을 이기고, 질병을 물리치기 위해 하나님께 간절히 부르짖었습니다. 기도는 생존의 외침이었고, 구원의 손을 붙잡으려는 절박한 몸짓이었습니다. 하지만 오늘날의 세계에서, 초자연적 개입을 구하는 기도는 많은 이들에게 어색하게 느껴집니다.

과학적 세계관 속에서 자란 현대인은 "자연 법칙을 정하신 하나님께서 인간의 기도 때문에 그 법칙을 거스르실까?" 하는 질문을 던집니다. 그렇기에 우리는 기도를 다시 이해해야 합니다. 기도는 초자연적 간섭을 강요하는 것이 아니라, 우리 자신이 하나님의 뜻에 동참하겠다는 결단을 새롭게 하는 것입니다.

기도는 "하나님, 내 문제를 해결해 주세요"라는 요청에서 머물러서는 안 됩니다. 기도는 "하나님, 제가 이 세상을 정의와 사랑으로 변화시키는 도구가 되게 하소서"라는 선언이어야 합니다. 성경은 말합니다.

"여호와께서 내게 이르시되… 내가 너를 세워 열방의 빛이 되게 하리라."(이사야 49:6)

미쉬나 또한 말합니다.

"세상은 세 가지로 유지된다 : 토라와 예배와 사랑의 실천."(미쉬나 아보트 1:2)

3. 인간은 하나님의 창조 동역자

하나님은 인간을 그분의 형상대로 창조하셨습니다. 이는 인간이 단순히 피조물로 존재하는 것을 넘어, 창조 세계를 아름답게 가꾸고 정의롭게 다스릴 책임을 가진 존재임을 의미합니다. 우리는 혼돈 속에서 질서를 창조하고, 어둠 속에서 빛을 발하며, 추함 속에서 아름다움을 빚어낼 사명을 부여받았습니다. 성경 또한 귀한 가르침을 줍니다.

"너희는 세상의 빛이라. 산 위에 있는 동네가 숨겨지지 못할 것이요."(마태복음 5:14)

탈무드 또한 가르쳐 줍니다.

"사람은 자신의 손으로 세상을 고치라는 명령을 받았다."(탈무드 샤바트 10a)

기도는 이 사명을 다짐하는 자리입니다. 우리는 하나님 앞에서, 이웃 앞에서 고백합니다.

나는 이 도시의 복지를 위해 헌신하겠습니다.
나는 정의를 위해 싸우겠습니다.
나는 포기하지 않고, 사랑과 진리의 대의를 위해 일하겠습니다.

4. 헌신의 기도는 결단의 은혜를 가져온다

어떤 이가 회당에 나아와 하나님께 고백한다고 가정해 봅시다.

- "저는 제 가족을 책임지겠습니다."
- "저는 이웃을 사랑하겠습니다."
- "저는 불의를 외면하지 않겠습니다."
- "저는 낙심하지 않고, 하나님이 맡기신 일에 최선을 다하겠습니다."

이러한 고백은 단순한 결심이 아닙니다. 그것은 삶의 방향을 새롭게 정립하는 영적 서약입니다. 비록 그는 하늘에서 눈에 보이는 기적을 기대하지 않더라도, 자신의 마음속에 평안한 확신과, 새 힘을 얻는 은혜를 경험할 것입니다. 성경은 말합니다.

"사람이 마음으로 자기 길을 계획할지라도, 그의 걸음을 인도하시는 이는 여호와시니라."(잠언 16:9)

탈무드 또한 말합니다.

"진실한 결단은 하늘의 문을 연다."(탈무드 타아니트 2a)

5. 헌신의 기도의 현대적 표현

헌신의 기도는 고대 히브리어 전통을 이어받되, 현대적 언어와 감성으로 새롭게 표현될 수 있습니다. 이는 마치 고대의 피유팀(פיוטים)이 시대마다 새로운 언어로 창작되었던 것처럼, 오늘날에도 창조적인 찬양과 기도를 통해 새롭게 구현될 수 있습니다.

하지만 현대적 형식으로 표현된다고 해서, 유대 신앙의 어조와 정신을 잃어버려서는 안됩니다. 감사, 헌신, 사랑, 정의, 겸손, 그리고 하나님의 영광을 향한 열망—이 모든 유대교적 핵심 정신이 헌신의 기도에 살아 있어야 합니다. 성경은 가르쳐 줍니다.

"너는 마음을 다하고 뜻을 다하여 네 하나님 여호와를 사랑하라."(신명기 6:5)

미쉬나도 가르칩니다.

"모든 너희 행사를 하나님을 위하여 하라. 그리하면 너희의 삶은 예배가 되리라."(미쉬나 아보트 2:12)

6. 헌신은 신앙을 삶으로 번역하는 것이다

결국, 헌신의 기도는 신앙을 이론이나 감정에 머무르게 하지 않고, 행동과 삶으로 번역하는 고백입니다. 기도는 입술에서 시작되지만, 참된 헌신은 손과 발에서 완성됩니다. 기도하는 사람은 말할 뿐 아니라, 걸어가야 합니다. 헌신하는 사람은 선언할 뿐 아니라, 실천해야 합니다. 기도의 언어가 행동의 언어가 될 때, 그의 삶은 하나의 산 제물이 되어 하나님께 드려질 것입니다. 성경을 보시면 이렇게 말합니다.

"나의 말과 행위가 하나님께 향기로운 제물이 되기를 원하나이다."(시편 19:14)

기독교 성경 또한 귀한 가르침을 줍니다.

"믿음 없는 행위는 죽은 것이요, 행위 없는 믿음도 죽은 것이다."(야고보서 2:26)

Ⅳ. 설교

1. 설교의 본질 : 기도와 토라의 만남

예배의 마지막 단락은 설교 또는 교훈이어야 합니다. 유대인은 언제나 기도와 함께 토라를 배우는 일을 중시해 왔습니다. 예배란 단지 하나님께 말을 거는 것이 아니라, 하나님의 말씀을 듣는 자리이기도 하기 때문입니다. 성경은 이렇게 말합니다.

"주의 말씀은 내 발에 등이요, 내 길에 빛이니이다."(시편 119:105)

탈무드 또한 말합니다.

"토라는 모든 세대에서 새롭게 배워져야 하며, 그 가르침은 사람의 심령을 새롭게 한다."(탈무드 머길라 14a)

그러므로 설교는 예배를 완성하는 중요한 기둥이며, 하나님과 공동체 사이를 이어주는 다리와 같은 역할을 합니다.

2. 설교의 현재 문제 : 단절과 산만함

오늘날 예배에서 가장 아쉬운 점 중 하나는, 설교의 질이 전반적으로 약화되었다는 사실입니다. 특히 설교가 매주 단절된 독립체처럼 여겨진다는 점은 심각한 문제입니다. 회중은 한 주 한 주 각각의 설교를 따로따로 듣게 되어, 신앙의 긴 여정을 따라가거나 삶과 신앙을 연결하는 데 어려움을 겪습니다.

회중이 매주 신앙의 나아갈 길을 새롭게 조망할 수 있도록, 설교는 고립된 단발적 사건이 아니라, 장기적인 흐름 속에서 구성되어야 합니다. 성경은 이렇게 가르쳐 줍니다.

"옛 길을 찾고, 그 좋은 길로 걸어가라. 그러면 너희가 쉼을 얻으리라."(예레미야 6:16)

3. 설교의 갱신을 위한 제안 : 주제적 연속성

설교를 향상시키기 위해서는, 장기적인 주제와 방향성을 갖춘 설교 시리즈를 마련해야 합니다. 예를 들어,

- 3년 동안 토라 오경을 주제별로 탐구하는 설교
- 1년 동안 선지서들의 메시지를 따라가는 설교
- 유대 문명이 세계에 끼친 영향에 관한 연속 설교
- 중세 유대교 사상의 발전사를 주제로 한 시리즈 설교

이러한 일관된 주제 흐름을 따라간다면, 회중은 각 설교를 통해 신앙의 여정을 따라가는 감각을 얻을 수 있으며, 설교는 신앙 형성에 실제적이고 지속적

인 힘을 줄 수 있을 것입니다.

4. 좋은 설교가 갖추어야 할 세 가지 요소

훌륭한 설교는 다음의 세 가지 핵심 요소를 갖추어야 합니다.

1) 유대교적 내용

설교는 시대적 유행이나 개인적 취향에 휩쓸려서는 안 됩니다. 반드시 토라와 선지서, 탈무드, 전통적 유대 문헌에 깊은 뿌리를 두어야 합니다. 말씀은 오늘의 삶에 조명되어야 하되, 본질은 변하지 않는 하나님의 진리여야 합니다. 성경은 말합니다.

"의인의 입은 생명의 샘이라."(잠언 10:11)

2) 회중의 삶과의 연결성

설교는 현실로 내려와야 합니다. 회중이 겪는 고민, 기쁨, 실패, 꿈과 맞닿아 있어야 합니다. 신앙이 뜬구름이 아니라, 매일의 삶 속에서 걸을 수 있는 길이어야 합니다. 성경은 우리에게 가르쳐 줍니다.

"주의 말씀은 내 발에 등이요, 내 길에 빛이니이다."(시편 119:105)

3) 명확하고 구체적인 예시

사람들은 개념보다 이야기로 설득됩니다. 구체적인 사례와 생생한 비유를 통해, 하나님의 진리를 생생하게 마음속에 새길 수 있어야 합니다. 미쉬나는 가르쳐 줍니다.

"선한 말은 영혼을 살찌우며, 명확한 비유는 지혜를 풍성하게 한다."(미쉬나 아보트 3:15)

5. 말씀과 기도로 완성되는 예배

설교는 단순한 말씀이 아닙니다. 설교는 하나님의 진리가 회중의 심령 속에 새겨지는 시간입니다. 설교자는 성실하게 말씀을 준비하고, 회중은 열린 마음으로 말씀을 받아야 합니다. 기도가 하늘을 향한 인간의 부르짖음이라면, 설교는 하늘이 인간에게 주시는 대답입니다. 탈무드는 가르쳐 줍니다.

"말씀은 씨앗과 같고, 설교는 그 씨를 심는 농부와 같다."(탈무드 버라호트 11b)

그리하여 예배는 기도와 찬양, 감사와 헌신, 그리고 살아 있는 설교로 아름답게 완성될 것입니다

제20장

결론

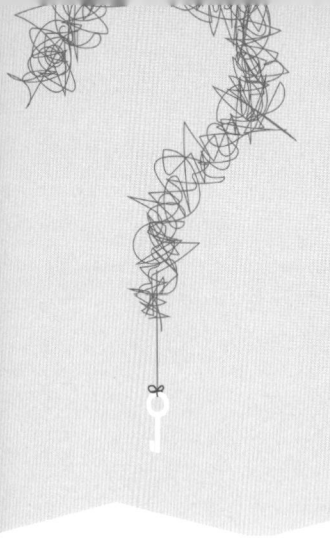

제20장
결론

　랍비들은 단순한 종교적 기능인 이상의 존재입니다. 그들은 유대 신앙의 살아 있는 전승자이며, 공동체의 도덕적 나침반이며, 시대를 초월해 하나님과 백성 사이를 이어주는 다리 역할을 수행합니다. 그들의 사역은 단순한 직책이나 직무가 아니라, 한 세대를 넘어 다음 세대로 이어지는 영적 유산을 책임지는 거룩한 사명입니다. 탈무드는 말합니다.

　"사람이 많은 것 중에 가장 중요한 것은 마음이다. 마음이 바르면 행위도 바르게 된다."(탈무드 버라호트 17a)

　이 시대의 랍비가 이 사명을 어떻게 받아들이고, 어떤 자세로 임하느냐에 따라 유대교의 내일은 전혀 다른 방향으로 나아갈 수 있습니다. 그들의 설교 한 마디, 해석 한 줄, 기도 인도 한 순간이 어떤 이에게는 신앙의 전환점이 되고, 어떤 이에게는 회복의 은총이 되기 때문입니다. 따라서 랍비의 역할은 단지 종교적 정보의 전달자가 아니라, 하나님과의 관계를 다시 살아나게 하는 생명의 도구입니다.

1. 랍비의 영적 사명과 책임

오늘날의 랍비들은 더 이상 전통을 단순히 반복하는 자리에 머물 수 없습니다. 그들은 토라의 말씀을 오늘의 언어로 해석하고, 고대의 진리를 현대의 갈등과 질문 속에 적용하며, 신앙을 박제된 형식이 아니라 살아 있는 만남으로 회복시켜야 할 사명을 지녔습니다. 성경은 말합니다.

"주의 율법을 묵상하며 주야로 그 율법을 즐거워하는 자는 복이 있도다."(시편 1:2)

현대 사회는 빠르게 변화하고 있으며, 개인주의와 세속화, 디지털 기술의 영향으로 신앙의 전통은 점점 더 주변화되고 있습니다. 이 속에서 랍비는 단지 과거를 보존하는 수호자가 아니라, 살아 있는 토라의 해석자요, 시대를 읽는 영적 통찰자여야 합니다. 그들은 다음과 같은 역할을 함께 감당해야 합니다.

- 교사로서, 하나님의 말씀을 깊이 연구하고 명확히 가르치는 자.
- 상담자로서, 사람들의 질문과 고통을 들으며 함께 기도하는 자.
- 예배 인도자로서, 하나님과의 만남을 회중과 함께 만들어가는 자.
- 도덕적 지도자로서, 공동체의 가치와 방향을 제시하는 자.

2. 신앙의 창조성과 계시의 연속성

우리가 오늘 이 땅에서 살아가는 유대 신앙은, 단순한 과거의 반복이 아닙니다. 그것은 매 세대마다 새롭게 재해석되고, 창조적으로 살아내야 할 하나님의 계시입니다. 랍비들이 이 창조적 해석의 사역을 감당할 때, 유대교는 죽은 문서가 아니라 살아 숨 쉬는 계시로 새로워집니다. 탈무드는 말합니다.

"각 세대에는 새로운 선지자가 요구된다. 그러나 진정한 선지자는 예전의 말씀을 새롭게 불러일으키는 자이다."(탈무드 산헤드린 99a)

이 말씀은 랍비에게 다음과 같은 두 가지 사명을 동시에 요구합니다.

- 하나는 토라와 전통을 경외하는 마음으로 보존하는 것,
- 다른 하나는 그 경외심 위에 창조성과 시대 감각을 입혀 오늘의 언어로 다시 들려주는 것.

이 두 가지가 조화를 이룰 때, 유대교는 닫힌 과거가 아니라, 열린 미래가 됩니다. 우리는 이 사명을 감당하는 랍비들에게 감사를 보내며, 또한 그 길을 함께 걷는 신앙 공동체의 동반자가 되어야 합니다.

3. 랍비의 사역과 인류를 향한 유대교의 보편적 소명

유대교는 단지 유대 민족만을 위한 종교가 아닙니다. 그것은 인류 전체를 향한 빛의 길이자, 도덕과 자비, 정의와 평화를 향한 하나님의 초대입니다. 랍비가 이 보편적 사명을 품고 가르칠 때, 그의 가르침은 민족을 넘어, 인류 사회 전체에 선한 영향을 끼치는 빛이 됩니다. 기독교 성경이 귀한 가르침을 줍니다.

"너희는 세상의 빛이라. 산 위에 있는 동네가 숨겨지지 못하리라."(마태복음 5:14)

미쉬나 또한 귀한 가르침을 줍니다.

"모든 사람을 존귀히 여기되, 하나님의 형상대로 창조된 자로 대하라."(미쉬나 아보트 4:1)

오늘날 유대 신앙은 고립의 담을 허물고, 대화와 협력, 상생의 길을 향해 나아가야 합니다. 랍비는 그 선봉에서, 경건함과 동시에 열린 마음으로, 하나님의 뜻을 세상에 드러내야 합니다. 그런 랍비들의 존재는 이 세대를 위해서는 축복이며, 다음 세대를 위한 등불입니다.

4. 겸손과 자기 점검의 태도

랍비는 권위를 가진 자이지만, 그 권위는 겸손에서 비롯되어야 합니다. 랍비의 말 한 마디가 사람의 마음을 치유하기도 하고, 상처를 줄 수도 있습니다. 랍비의 해석 하나가 공동체를 회복시키기도 하고, 혼란스럽게 만들 수도 있습니다. 그러므로 그들은 항상 자기 점검의 태도 속에 살아야 합니다. 성경은 말합니다.

"너는 마음을 다하고 뜻을 다하여 여호와를 사랑하라."(신명기 6:5)

진정한 영적 지도자는 자신의 권위를 하나님께로부터 위임받았다는 의식 속에서, 늘 두려움과 떨림으로 자신의 사명을 감당합니다. 랍비의 존재는 하나님의 뜻을 풀어주는 자이기에, 그의 겸손은 단지 인격적 미덕이 아니라, 직무의 본질입니다.

5. 모두의 책임, 함께하는 여정

랍비 타르폰(Rabbi Tarphon)은 다음과 같이 가르쳤습니다.

"네가 그 일을 다 마치는 것이 네 의무는 아니나, 그렇다고 해서 그 일을 포기할 자유가 너에게 있는 것도 아니다."(미쉬나 아보트 2:16)

이 말씀은 단지 랍비에게만 해당되는 것이 아닙니다. 우리 모두에게 주어진 하나님의 부르심입니다. 완성은 하나님께 맡기되, 순종의 첫걸음은 우리 각자에게 맡겨진 사명입니다. 우리는 모두 유대 전통의 이어짐을 위한 동역자입니다.

- 부모는 자녀에게 토라의 아름다움을 가르치는 첫 교사입니다.
- 평신도는 공동체 안에서 말씀을 실천하는 일상의 랍비입니다.
- 청년은 다음 세대를 준비하는 창조적 해석자이며,
- 노인은 전통의 품격을 지켜내는 삶의 증인입니다.

6. 촛불을 드는 자가 되어라

이제 우리는 이 책의 마지막 장을 닫으며, 다음과 같은 고백과 다짐으로 이 여정을 마무리합니다. 오늘 우리가 작은 촛불 하나를 든다면, 내일 누군가는 그 불빛을 따라 믿음의 길을 걷게 될 것입니다. 그 누군가는 우리의 자녀일 수도 있고, 아직 하나님을 모르는 이웃일 수도 있으며, 미래의 랍비나 신학자일 수도 있습 니다.

그러므로 지금 우리에게 필요한 것은 완벽한 능력이 아니라, 작은 불빛 하나라도 들고 서는 용기입니다.

"하나님께 가까이함이 내게 복이라. 내가 주 여호와를 나의 피난처로 삼았으니, 주의 모든 행적을 전파하리이다."(시편 73:28)

유대 신앙의 미래는 오늘 우리의 선택과 실천에 달려 있습니다. 우리가 하나님께서 맡기신 자리에서 성실히 그 사명을 감당할 때, 유대 전통은 계속해서 살아 숨 쉬며, 인류의 어두운 밤 속에서도 빛을 비추는 불꽃이 될 것입니다. 랍비 타르폰의 말씀이 오늘도 우리를 부릅니다.

"네가 그 일을 다 마치는 것이 네 의무는 아니나, 그렇다고 해서 그 일을 포기할 자유가 너에게 있는 것도 아니다."(미쉬나 아보트 2:16)